目　录

留学生本科选修课系列教材

汉语纵横 Jump High
A Systematic Chinese Course

成语读本

马燕华 编著

北京语言大学出版社
BEIJING LANGUAGE AND CULTURE
UNIVERSITY PRESS

图书在版编目（CIP）数据

汉语·纵横成语读本 / 马燕华编著 . -- 北京 ：北京语言大学出版社，2022.3
ISBN 978-7-5619-5699-1

Ⅰ. ①汉… Ⅱ. ①马… Ⅲ. ①汉语－成语－对外汉语教学－教材 Ⅳ. ① H195.4

中国版本图书馆 CIP 数据核字（2020）第 124048 号

汉语·纵横 成语读本
HANYU · ZONGHENG CHENGYU DUBEN

排版制作：北京创艺涵文化发展有限公司
责任印制：周 燚

出版发行：北京语言大学出版社
社 址：北京市海淀区学院路 15 号，100083
网 址：www.blcup.com
电子信箱：service@blcup.com
电 话：编辑部 8610-82303647/3592/3724
国内发行 8610-82303650/3591/3648
海外发行 8610-82303365/3080/3668
北语书店 8610-82303653
网购咨询 8610-82303908
印 刷：天津嘉恒印务有限公司

版 次：2022 年 3 月第 1 版 印 次：2022 年 3 月第 1 次印刷
开 本：889 毫米 × 1194 毫米 1/16 印 张：10.5
字 数：127 千字
定 价：58.00 元

PRINTED IN CHINA

致教师

《汉语·纵横　成语读本》是为在中国高等学校就读汉语言文学专业的外国高年级本科生编写的选修课教材，也可以用作外国高年级汉语进修生的选修课教材。全书详细分析、讲解的 180 个成语，绝大部分选自国际中文教育领域的四个标志性大纲——《汉语水平词汇与汉字等级大纲》(1992)、《高等学校外国留学生汉语言专业教学大纲》(2002)、《汉语国际教育用音节汉字词汇等级划分》(2010)、《国际中文教育中文水平等级标准》(2021)，优先选择四个大纲相重合的成语。

教师在使用本教材时，请注意以下几点。

一、讲授“成语小知识”

本教材为成语读本，重在逐条分析讲解成语的语义、语用条件、语境义等。作为背景知识的成语的概念、来源、书写形式特点、语义特点、语用特点、学习策略等，被分为 14 个“成语小知识”放在 1 ～ 14 课的课文前面，建议教师在开始讲解每课的成语内容之前向学生介绍。

二、准确讲解语义

教外国人成语，首先要准确讲解成语的语义。不仅要准确讲解成语的整体意义，还要准确讲解组成成语的单音节词或双音节词的词义（尤其要关注那些词义与现代汉语词义差别较大的词，以免学生望文生义），同时要准确讲解成语的语境义。

三、重视“语用提示”

外国人使用成语容易出现语用失当现象，或是褒贬色彩失当，或是语用条件失当，而成语的这些使用条件往往是汉语母语者习焉不察的语言习惯。由于目前出版的绝大部分成语词典对成语的语用条件未加以说明，这就增加了外国人使用成语的难度。为了让外国人知道怎么使用成语，本教材为每个成语设置了“语用提示”项目。这是我们多年教学实践的反思与总结，也可以说是本教材的最大亮点。

四、详细分析例句的语境义

成语的语义在句子中会呈现出具体的语境义，结合例句详细分析语境义十分必要。

五、让学生做“总测试卷”

作为检查学生成语学习效果的测试，应测试成语的拼音、书写形式、内部单音节词或双音节词的词义、褒贬义、语境义等内容。为了满足实际教学的需要，本教材的每课练习只设置了成语填空、用成语改写句子两种题型。“总测试卷”题型丰富，内容全面，建议在完成全书内容的教学后，对学生进行测试。同时，我们建议期中、期末的试卷也采用“总测试卷”的体例。

欢迎广大同人和使用者提出宝贵意见。

马燕华

2022 年 1 月

第一课 卧薪尝胆

成语小知识

成语

成语是一种相沿习用、简洁精辟的固定短语或短句。成语历史悠久，如“得心应手”“守株待兔”“扶摇直上”“杯水车薪”，都来源于两千多年前的汉语古典文献。

人们在说话、写文章时适当运用成语会显得语言简洁含蓄，流露出一种典雅的书卷气。如：

a. 董事长不耻下问的精神值得我们学习。

b. 董事长经常向地位比他低或年龄比他小的人请教，他这种不认为向地位比他低或年龄比他小的人请教是羞耻的事的精神，值得我们学习。

可以看出，a 句用了成语“不耻下问”，语言更加简洁典雅。

本课学习的成语

1	卧薪尝胆 ※[①]	wòxīn-chángdǎn	7	全心全意	quánxīn-quányì
2	不耻下问	bùchǐ-xiàwèn	8	如痴如醉	rúchī-rúzuì
3	津津有味	jīnjīn-yǒuwèi	9	滔滔不绝	tāotāo-bùjué
4	聚精会神	jùjīng-huìshén	10	桃李满天下	táolǐ mǎn tiānxià
5	理直气壮	lǐzhí-qìzhuàng	11	一技之长	yíjìzhīcháng
6	眉开眼笑	méikāi-yǎnxiào	12	脱颖而出 ※	tuōyǐng'érchū

① 带“※”的成语，本教材提供典故出处与译文。

1 卧薪尝胆 wòxīn-chángdǎn

原　文

吴既赦（shè）越，越王勾践反国，乃苦身焦思，置胆于坐，坐卧即仰胆，饮食亦尝胆也。曰：“女（rǔ）忘会稽（Kuàijī）之耻邪？”身自耕作，夫人自织，食不加肉，衣不重采，折节下贤人，厚遇宾客，振贫吊死，与百姓同其劳。

（节选自《史记·越王勾践世家》）

参考译文

吴王免除了对越王勾践的处罚后，勾践返回越国，深思熟虑，苦心经营。勾践把一颗苦胆悬挂在座位上方，这样坐着、躺着都可以看到这颗苦胆，喝水、吃饭时也要尝尝苦胆，以此提醒自己说：“你忘了在会稽山受到的侮辱了吗？”他亲自耕种，他的夫人亲自织布，他们饭桌上没有第二盘肉菜，衣服上没有第二种颜色。他们放下架子，谦恭地对待品德高尚的人，优厚地对待宾客，救济穷人，悼念死者，和老百姓共同劳作。

（马燕华　译）

语　　义： 形容人刻苦自励，发愤图强。卧，躺。薪，柴草。

语用提示： 常用来形容人为了实现远大目标，在艰苦环境下，经过较长时间努力奋斗，终于取得成功。

例 1　世界冠军！这是中国队经过几十个寒暑、几代人卧薪尝胆才苦尽甘来得到的。

例 2　家道中落后，他从老板变成了打工仔。卧薪尝胆十几年后，他终于重振了家业。

例 3　经过八年多的卧薪尝胆，这个贫困的小乡村终于有了新面貌。

例 4　新上任的村主任带领群众卧薪尝胆、艰苦创业，改变了村子贫穷的面貌。

例 5　一次小考试失败所产生的压力可能会使一个学生卧薪尝胆，发愤学习，最终使其在重要的考试中名列前茅。

2 不耻下问 bùchǐ-xiàwèn

语　　义：不把向地位比自己低、知识比自己少的人请教当成可耻的事。耻，认为羞耻。下，地位低。

语用提示：形容谦虚好学。用于褒义。

例 1　孔子对弟子们讲，三人行，必有我师，做学问要不耻下问。

例 2　有些人不明白不耻下问的道理，往往因地位较高或年龄较长而羞于发问。

例 3　我们有不懂的，要及时问人，做到不耻下问。

例 4　这位领导在下属面前从不会端着架子，一向不耻下问。一次，他问他的一位同乡下属什么是抛物线，那位下属给他讲了一大通。

例 5　王校长是南方人，普通话发音不太标准。他不耻下问，经常向老师，甚至学生请教普通话的正确发音。

3 津津有味 jīnjīn-yǒuwèi

语　　义：形容有趣味或滋味很浓厚。津津，形容有趣味，有滋味。

语用提示：常常用来形容吃、听、看、玩儿等动作状态。

例 1　窗外的明媚阳光、清新空气和院中花香，使我们这顿饭吃得既轻松自在，又津津有味。

例 2　老人平时胃口很好，小辈们买来好吃的孝敬她，她都吃得津津有味。

例 3　这篇文章文字优美，让读者看得津津有味。

例 4　他津津有味地谈起了中国传统文化。

例 5　大概很多家长都有过这样的经历：发现孩子在津津有味地玩儿一年多以前买的、但曾被孩子扔在一边的玩具。

4 聚精会神 jùjīng-huìshén

语　　义：集中精神，集中注意力。聚，集中。会，合在一起。

语用提示：一般用来描写短时间内的动作。用于褒义。

例 1 当你正聚精会神地做作业时，可能会听不到附近的吵闹声。

例 2 孩子们听得聚精会神，似懂非懂地点着头。

例 3 他们上课时，有时做鬼脸，有时玩儿铅笔、小刀，甚至还敲桌子，总是不能聚精会神地听课。

例 4 一位电影导演说得好，拍一部影片，就好像双手捧着一碗水，每走一步都要聚精会神，严谨认真。

例 5 同学们聚精会神地听老师讲课。

5 理直气壮 lǐzhí-qìzhuàng

语　　义：理由充分，因而说话、做事有气势或心里无愧，无所畏惧。

语用提示：既可用于褒义，也可用于贬义。

例 1 只有没有私心，说话、做事才能理直气壮。

例 2 我们要理直气壮地倡导科学，反对迷信。

例 3 久而久之，孩子们就只知道理直气壮地向父母提要求，却不懂得尊重、体谅、关心父母。

例 4 有的人随地吐痰，却仍然理直气壮。

例 5 使人痛心的，还在于这些公款挥霍者竟然理直气壮！

6 眉开眼笑 méikāi-yǎnxiào

语　　义：形容高兴愉快的样子。开，展开。

语用提示：多用于褒义。

例 1 茶叶换成了钱，茶农们眉开眼笑。

例 2 邓叔叔取出了一条鲜红的羊毛围巾送给阿四。阿四既高兴又害羞，眉开眼笑地躲到了父亲的身后。

例 3 一听到这个好消息，他高兴得眉开眼笑。

例 4 客商蜂拥而来，以每吨 1000 美元的高价争购银杏叶，喜得山里人眉开眼笑。

例 5 看你眉开眼笑的，有什么喜事？

7 全心全意 quánxīn-quányì

语　　义：用全部精力。心、意，指精力。

语用提示：用于褒义。

例 1 我们要始终把顾客放在首位，全心全意地为他们服务。

例 2 把推销工作视作一种奉献，全心全意地投入，才能得到客户的信任。

例 3 你的朋友一直在全心全意地照顾你，等你病好了，记得要谢谢他。

例 4 这家企业提出了严格的从业要求，但也提供了优厚的福利待遇，力图将职工个人命运与企业命运联为一体，让职工为全心全意搞好企业的发展而尽最大努力。

8 如痴如醉 rúchī-rúzuì

语　　义：形容人陶醉、入迷的状态。痴，傻。醉，饮酒过量、神志不清。

语用提示：多指人对某人或某事痴迷，陷入迷恋状态，不能控制感情。

例 1 他买过许多梅兰芳先生的唱片，没事的时候常常如痴如醉地听戏。

例 2 看着追星族们如痴如醉的样子，不由得你不相信这是一个追星的时代。

例 3 他如痴如醉地爱着她，对她着迷。

例 4 一个极少见的情景出现了：演出结束后，如痴如醉的观众还沉浸在梁山伯与祝英台深挚哀怨的爱情悲剧之中，一时竟没有人想起来鼓掌。

例 5 5 月初，那里满山的杜鹃红得让人如痴如醉。

9 滔滔不绝 tāotāo-bùjué

语　　义：形容大水连续不断的样子。滔滔，大水滚滚流动的样子。绝，断、完结。

语用提示：常用来形容人不停顿地说了很多话的状态。

例 1　黄河水滔滔不绝，奔流入海。

例 2　他是农家出身，又做过较长时间农业方面的工作，所以谈起农业问题来就会滔滔不绝。

例 3　一提起这座博物馆的来历，他便滔滔不绝地对游客讲了起来。

例 4　这个平日不善言辞的小伙子，每当聊起他喜爱的数学就会滔滔不绝。

例 5　光有热情也做不成事，社团需要踏踏实实工作的人，不需要只会滔滔不绝的策划者。

10 桃李满天下 táolǐ mǎn tiānxià（桃李遍天下）

语　　义：形容培养的后辈或所教的学生众多，遍布各地。桃李，比喻所教的学生。

语用提示：一般用来赞美教师或学校。"桃李"一般不能指在校学生。用于褒义。

例 1　铁路第一小学原校长李老师从教三十余年，呕心沥血，教书育人，桃李满天下。

例 2　冯先生在长达半个世纪的教学与研究生涯中，硕果累累，誉满学林，桃李满天下。

例 3　她用行动实践了自己的人生目标：不求桃李满天下，但愿人生终无悔。

例 4　我年轻时看过一部电影——《乡村女教师》，电影中满头白发、桃李满天下的教师形象永远无法从我的记忆中抹掉。

例 5　在一个世纪的漫长岁月里，这所大学为国家培养了一批又一批人才，可谓"桃李满天下，学子遍神州"。

11 一技之长 yíjìzhīcháng

语　　义：指有某种技术作为长处。技，技能、本领。长，长处。

语用提示：一般指有实用价值的技术，而且这种技术可以用作谋生的手段。用于褒义。

例 1　他的梦想就是上大学，他曾说过："进了大学，我一定要好好读书，学到一技之长，多赚点儿钱让父母过上更好的日子。"

例 2　人们普遍认为，只要有一技之长和一张过硬的文凭，就可以找到属于自己的理想港湾，并以此成就一番事业。

例 3　在现代社会中，有自己的一技之长是非常有优势的。

例 4　"代驾""结婚跟妆"……西安的新锐青年利用一技之长及新颖的思路，为自己开辟了一条全新的谋生之路。

例 5　他十多年前就从湖南来到广东打工，由于没有一技之长，每份工作都干不长。当又一次被工厂解聘之后，他心灰意冷了。

12 脱颖而出 tuōyǐng'érchū

原　　文

平原君曰："夫贤士之处世也，譬若锥之处囊中，其末立见。今先生处胜之门下三年于此矣，左右未有所称诵，胜未有所闻，是先生无所有也。先生不能，先生留。"毛遂曰："臣乃今日请处囊中耳。使遂蚤（zǎo）得处囊中，乃颖脱而出，非特其末见而已。"平原君竟与毛遂偕。

（节选自《史记·平原君虞卿列传》）

参考译文

平原君说："有才能的人生活在世上，就好像是锥子放在布袋中，它的锋尖立刻就会显露出来。现在先生在我这儿生活已经有三年了，我从来没有听见周围的人称赞过您，我也从来没有听说过您，大概是先生没有什么值得称赞的地方吧。您不能去，还是留下吧。"毛遂说："我是今天才请求您把我放进布袋里的。如果您早把我放在布袋中，那我的整个锥子头都会露出来，就不仅仅只是露出锥子尖了。”平原君最后带上毛遂一起出发了。

（马燕华　译）

语　　义：比喻才干或才华全部显示出来。颖，本指禾穗的芒尖，此处指锥子尖。脱，露出来。

语用提示：多用于竞争的场合中，形容人的才能或才华突出地显示出来。

例 1　在比赛中，21 岁的王明脱颖而出。他与队友过关斩将，最终击败了那支称霸乒坛多年的队伍，获得了冠军。

例 2　她在节目中一炮走红，借助全民投票在众多校园歌手中脱颖而出，进而被国内媒体争相报道。

例 3　一段有趣的工作经历会使您在众多申请者中脱颖而出，显得与众不同。

例 4　只有那些勇于创新、成功转型的企业，才能在竞争中脱颖而出。

例 5　国家要营造一种环境，使拔尖儿人才能够脱颖而出。

练　　习

一　使用本课成语填空

1. 他____________十几年，今年终于竞选上了总统。
2. 北京师范大学一百多年来为中国教育事业做出了突出贡献，如今____________。
3. 在全国中学生机器人大赛中，他____________，高中还没毕业就被清华大学录取了。
4. 他正在____________地打游戏。
5. 一看他____________的样子，就知道他今天考得不错。
6. 有____________的蓝领，收入会很高。
7. 善于学习的人，总是能____________，向一切值得自己请教的人请教。
8. 他们正在____________地看足球比赛。

9. 一说起喜欢吃的中国菜，他就会____________。
10. 她____________地提出自己有权继承父亲的遗产。
11. 要做成一件事，必须____________，不能三心二意。
12. 足球场上，有些球迷____________地喊着运动员的名字。
13. 这家公司____________十年，终于扭亏为盈了。
14. 这所技术学校的学生都有____________，就业率很高。
15. 他从教六十年，____________，是著名的教育家。
16. 虽然明天的课很重要，但是他要去办签证，所以仍然____________地向老师请了假。
17. 他们____________地研究了十多年，终于研制出了这种新药。
18. 他虽然没上过大学，但是通过自己的努力掌握了____________。

二 使用本课成语改写句子

1. 总经理常常向比自己地位低的职员请教电脑问题，这种精神值得学习。

   改写为：____________________________________

2. 他当了一辈子老师，教过的学生遍布全国。

   改写为：____________________________________

3. 不少人听音乐时十分投入，像傻了、醉了一样。

   改写为：____________________________________

4. 我们必须用全部精力做好这项工作。

   改写为：____________________________________

5. 通过和王教授面对面的长时间交谈，他的才华终于全部显现出来了。王教授决定招收他为博士研究生。

改写为：________________

6. 留学回国后，每当人们问起他的留学经历，他都会不停地讲。

改写为：________________

7. 有技术特长的人，更容易找到工作。

改写为：________________

8. 他非常有兴致地谈起了自己在非洲的旅游经历。

改写为：________________

第二课　呆若木鸡

成语小知识

成语来源

成语主要有三个来源：

一是古人说过的现成的话。如“滥觞”“学而不厌，诲人不倦”“温故而知新”，都是孔子说过的话。

二是由古典文献中的故事凝固而成。如“守株待兔”来自《韩非子·五蠹》中的故事，“朝三暮四”来自《庄子·内篇·齐物论》中的故事。

三是口语、俗语。如“三心二意”“乱七八糟”“提心吊胆”等。

本课学习的成语

1	呆若木鸡 ※	dāiruòmùjī	7	力不从心	lìbùcóngxīn
2	乘人之危	chéngrénzhīwēi	8	思前想后	sīqián-xiǎnghòu
3	粗心大意	cūxīn-dàyì	9	损人利己	sǔnrén-lìjǐ
4	措手不及	cuòshǒu-bùjí	10	讨价还价	tǎojià-huánjià
5	东张西望	dōngzhāng-xīwàng	11	幸灾乐祸	xìngzāi-lèhuò
6	敬而远之	jìng'éryuǎnzhī	12	亦步亦趋 ※	yìbù-yìqū

1 呆若木鸡 dāiruòmùjī

原　文

纪渻（shěng）子为王养斗鸡。十日而问：“鸡已乎？”曰：“未也。方虚憍（jiāo）而恃气。”十日又问，曰：“未也。犹应向（xiǎng）景（yǐng）。”十日又问，曰：“未也。犹疾视而盛气。”十日又问，曰：“几矣。鸡虽有鸣者，已无变矣，望之似木鸡矣，其德全矣，异鸡无敢应者，反走矣。”

（节选自《庄子·外篇·达生》）

参考译文

纪渻子为国王训练斗鸡。十天后，国王问纪渻子：“斗鸡训练好了吗？”纪渻子说：“还没有。斗鸡现在内心虚浮，自恃意气。”过了十天，国王又问斗鸡的训练情况。纪渻子说：“还没训练好。斗鸡听到别的鸡叫或看到别的鸡的身影，还有反应。”十天后，国王又问斗鸡的训练情况。纪渻子说：“还没训练好。斗鸡还是目光凶狠，斗志旺盛。”十天后，国王又问斗鸡的训练情况。纪渻子说：“差不多了。别的鸡即使打鸣，它也不会有什么变化，看上去就像木头做的鸡一样，它的德行已经很完备了，别的鸡没有敢应战的，见到它就掉头逃走了。”

（马燕华　译）

语　　义：形容因恐惧或惊讶而发愣的样子。呆，发呆。若，好像。

语用提示：一般形容人面对刺激性突发事件时的状态。

例 1　她没想到在这里竟然会遇到老同学，一时呆若木鸡。

例 2　屋内其他的人都吓得呆若木鸡。

例 3　从浓烟里跑出来的人，一个个呆若木鸡地望着燃烧的大楼。

例 4　老板睁开眼来，看到我这副人不人、鬼不鬼的模样，吓得呆若木鸡。

例 5　姐姐一看到公证人写信通知她说可以继承到五万美元的遗产时，惊得呆若木鸡。

2 乘人之危 chéngrénzhīwēi

语　　义：趁着人家危急的时候去侵害人家。乘，趁着。危，危急、危险。

语用提示：受到侵害的一方处境艰难或处于弱势，无法反抗。用于贬义。

例 1 善良的人不会在别人困难的时候乘人之危，他们反而会雪中送炭，给予帮助。

例 2 我们厂快倒闭了，你用 48 万元“买走”我们 2400 万元的资产，这不是乘人之危是什么？

例 3 出版商乘人之危，与那位作家签订了一个强盗式的合同，以极低的价钱买下了他三本书的著作权。

例 4 病人大都有着沉重的经济负担和精神负担，接受病人的钱财，岂不是乘人之危吗？这也有违医生的职业道德。

例 5 逛街时眼镜架突然断了，我走进旁边的眼镜店修理，担心眼镜店会乘人之危，漫天要价。没想到，眼镜架修好后，师傅分文不取。

3 粗心大意 cūxīn-dàyì

语　　义：疏忽，不细心或不注意。粗心，不细心。大意，疏忽。

语用提示：由于不细心或不注意，造成了不好的影响或后果。用于贬义。

例 1 我寄包裹时粗心大意，把“乌鲁木齐”写成了“乌鲁木齐”，两天后包裹被退了回来。

例 2 我的信是在四月二日写的，但是由于我粗心大意，把四月写成了三月。

例 3 由于编辑粗心大意，该报在同一天的不同版面重复刊登了同一封读者来信。

例 4 她的粗心大意给她自己带来了不少麻烦。

例 5 对于孩子的身体状况，她总是粗心大意，以为活蹦乱跳的就不会有什么病。

例 6 也许做一个粗心大意、无忧无虑的人比做那种过分谨慎的人更好。

4 措手不及 cuòshǒu-bùjí

语　　义：临时来不及应付。措，处置。措手，着手处理。

语用提示：常用于发生突发事件的情境中，事情来得很突然，没有时间准备，使事情做得不够完美顺利。

例 1　前方行驶的车辆如果紧急刹车或停车，会使后边跟着的车辆措手不及，容易造成事故。

例 2　他来到了这里，所有人，包括会场的工作人员，都被这个惊喜弄得措手不及。

例 3　预报的雨量与实际的雨量相差悬殊，“突然袭击”变成了特大暴雨，人们措手不及。

例 4　事故发生时，医院的医护人员大多在休假。患者蜂拥而来，让值班医生措手不及。

例 5　小孩儿一旦觉得不舒服，就该马上带他去医院。因为小孩儿的病程通常都很短，而且发病速度之快往往令人措手不及。

5 东张西望 dōngzhāng-xīwàng

语　　义：东边看看，西边望望。形容情绪不安、不专心或漫无目的地观望。张、望，向四周或远处看。

语用提示：“东张西望”的动作发出者一般心里有所期待。

例 1　在我们不远处，有个身穿短呢大衣、夹着公文包的中年人在街头东张西望，好像是和同伴走散了，又好像是在寻找饭馆。

例 2　庆生坐了下来，一直东张西望，觉得什么都很新鲜。

例 3　他本来急着要上楼去吃东西，现在脚步却放慢了，而且挺起了胸脯，还东张西望，生怕人看不见他。

例 4　每一次约会他总是提早到，安安心心站在那里，脸对着前方，绝不东张西望。

例 5　和人握手时，要双眼注视对方，不要东张西望。

6 敬而远之 jìng'éryuǎnzhī

语　　义：表示尊敬或敬畏，但不愿接近。远，远离。

语用提示：更多地强调不愿意接近。

例 1　改革开放前，在中国很少能见到外国人，老百姓对外国人一般也敬而远之，称他们为外宾。

例 2　我虽然与父亲住在一起，但平时很少与他说话，对他一直敬而远之。

例 3　对于在事业上有追求、有成就的女人，他们往往敬而远之。

例 4　中国城乡居民都喜欢豆浆、豆腐等豆制品，而有的外国人对这些却敬而远之。

例 5　这一大套书被人敬而远之的原因之一，是对普通百姓来说，实在难以读懂。

7 力不从心 lìbùcóngxīn

语　　义：心里想做，可是能力或力量不够。从，依从、顺从。

语用提示：心里想做的事，一般指正面的事情，结果却是没做成或做得不好。

例 1　他的父母虽然有稳定的工资收入，但每学期要拿出5000元的学费却还是力不从心。怎么办呢？

例 2　中国人有奉养父母的传统美德，但不少人限于经济或其他方面的条件，往往力不从心。

例 3　公司的推销部门由高级科技人员组成，搞科研、写论文是他们的长项，推销产品他们就显得力不从心了。

例 4　公司的激烈竞争让我备感压力，而且我还要关注孩子的学习和生活，我真的感到力不从心了。

例 5　福利型国家社会保障的包袱越来越重，政府感到有点儿力不从心，而且要改革也很难，因为人们已经习惯了过去的保障制度。

8 思前想后 sīqián-xiǎnghòu

语　　义：形容前前后后地反复思考，难以马上决定。前、后，常指事情的原因和结果。

语用提示：面对难以简单处理的事情，从不同角度分析考虑。

例 1　他躺在床上思前想后：没有了工作，怎么生活下去呢？

例 2　老范思前想后，不知该用什么方式来处理和老黄的关系。

例 3　他思前想后，觉得还是应该把自己的意见说出来。

例 4　他思前想后，决定执教期满后回国当教练。

例 5　他思前想后，还是理不出头绪。

9 损人利己 sǔnrén-lìjǐ

语　　义：使别人受到损失而使自己得到好处。损，损失、损害。利，使有利。

语用提示：用于贬义。

例 1　绿色和平组织负责人指出，向发展中国家出口有毒废料是损人利己的做法。

例 2　商家要考虑消费者的利益，不要做损人利己、坑害顾客的事。

例 3　做坏事和糊涂不一样。做坏事是损人利己；而糊涂则是让别人得便宜，自己吃亏。

例 4　最典型的腐败现象就是以权谋私，以权牟利，化公为私，损人利己。

10 讨价还价 tǎojià-huánjià

语　　义：双方互相商议、计较货物的价格。价，价格。讨价，要价。还价，买方认为价格太高而提出自己愿出的价格。

语用提示：不限于计较价格，也可以比喻接受任务或进行谈判时提出种种对自己有利的条件，细小之处也认真对待。

例 1　书店老板说这套书要卖 3000 元，经过讨价还价，最后我用 2500 元买下了。

例 2 路边有卖冰糖葫芦、烤地瓜的小摊儿，经常会有人停下来，同摊主讨价还价。

例 3 我认为在治理污染的问题上，绝不能讨价还价。

例 4 双方在谈判时，一直讨价还价，总想争取对自己有利的结果。

例 5 农民工被雇用的时候，往往没有更多的资本对劳动报酬和劳动条件讨价还价。

11 幸灾乐祸 xìngzāi-lèhuò

语　　义：别人遇到灾祸时，自己心里高兴。幸、乐，感到高兴。

语用提示：往往是观察者的一种感觉。用于贬义。

例 1 邻居老李听说我新买的自行车又丢了，幸灾乐祸地说：“还是有钱啊！”

例 2 第一次滑雪，我接二连三地摔倒在雪地上，妹妹幸灾乐祸地笑个不停。

例 3 在整个过程中，那位男士一直拿着手机，带着幸灾乐祸的笑容，录我和别人吵架的视频。

例 4 对世人的不幸、对人间的灾祸要抱有同情心，不要幸灾乐祸。

例 5 他那种幸灾乐祸的表情，看了真令人生气！

12 亦步亦趋 yìbù-yìqū

原　　文

颜渊问于仲尼曰：“夫子步亦步，夫子趋亦趋，夫子驰亦驰，夫子奔（bēn）逸（yì）绝尘，而回瞠（chēng）若乎后矣！”

（节选自《庄子·外篇·田子方》）

参考译文

颜渊问孔子：“先生慢走，我也慢走；先生快走，我也快走；先生快跑，我也快跑；先生极快地奔跑，好像飞起来了一样，我却只能在后面瞪大眼睛吃惊地看着了！”

（马燕华　译）

语　　义：老师走，学生也走；老师跑，学生也跑。比喻自己没有主张或为了讨好，每件事都仿效或依从别人，按照人家的样子做。步，走（特指慢走）。趋，快走。

语用提示：仿效或依从的应是领先或知名的人物或事物。一般用于贬义。有时也用来形容以自己崇拜的人物为榜样，时时处处向他学习。

例 1　在昏暗的巷子里，一个小男孩儿亦步亦趋地跟在我后面。

例 2　有成就者多是善于思考、立足实际的，人云亦云、亦步亦趋者难有所为。

例 3　跟在别人后面亦步亦趋，不会有大的作为。

例 4　一个民族跟在别人后头亦步亦趋是没有出息的，当然，夜郎自大也同样不可取。

例 5　他从二十世纪二十年代初接触鲁迅开始，就把鲁迅视为自己处世做人的典范，亦步亦趋地向鲁迅学习。

练　　习

一 使用本课成语填空

1. 输入密码要特别仔细，不能________。
2. 他这么有钱，买东西还________。
3. 她这几天不太舒服，需要休息，坚持上课有点儿________。
4. 市长临时决定来学校参观，使老师和学生们________。
5. 我们公司刚成立，周转资金少，别人________压低价格对我们很不利。
6. 由于不习惯北京的生活，他________，还是决定退学。
7. ________不好，骄傲自满、不向别人学习也不好。
8. 这个人站在路边________，好像在等人。

9. 她性格有点儿古怪，脾气也不好，大家对她＿＿＿＿＿＿。
10. 听到飞机失事的消息，她＿＿＿＿＿＿，因为她丈夫在那架飞机上。
11. 中国的服装公司不能＿＿＿＿＿＿地跟在外国名牌公司后面走。
12. 看到别人摔倒了，不要＿＿＿＿＿＿。想想如果是你摔倒了被别人笑话，你会是什么感受。
13. 我才学了半年汉语，就要我担任开学典礼的翻译，我真的＿＿＿＿＿。
14. 他听说我没有通过 HSK 六级考试，马上大声笑了起来，我觉得他有点儿＿＿＿＿＿＿。
15. 今天刚上课，老师就要听写，弄得同学们＿＿＿＿＿＿。

二 使用本课成语改写句子

1. 他很想当国际会议的现场翻译，但是他目前的汉语水平还做不了这个工作。

改写为：＿＿＿＿＿＿＿＿＿＿＿＿＿＿＿＿＿＿＿＿＿＿＿＿

2. 新校长只是按照老校长的做法来管理学校，没有创新性。

改写为：＿＿＿＿＿＿＿＿＿＿＿＿＿＿＿＿＿＿＿＿＿＿＿＿

3. 公司产品卖不出去，有些客户趁机把价格压得特别低。

改写为：＿＿＿＿＿＿＿＿＿＿＿＿＿＿＿＿＿＿＿＿＿＿＿＿

4. 老师今天上课时突然告诉我们明天有考试，我来不及复习了。

改写为：＿＿＿＿＿＿＿＿＿＿＿＿＿＿＿＿＿＿＿＿＿＿＿＿

5. 他反复想了很久，最后还是决定休学回国。

改写为：________________________________

6. 她喜欢在朋友们面前表现自己，大家都不愿接近她。

改写为：________________________________

7. 看见别人遇到灾祸，要同情、帮助他，不能感到高兴，哪怕他是平时和自己关系不太好的人。

改写为：________________________________

8. 听说她妹妹出车祸了，大家都很惊讶，坐在屋里发呆，像木鸡似的，说不出话来。

改写为：________________________________

第三课　惊弓之鸟

成语小知识

成语书写形式特点（1）

成语的最大特点是结构凝固，不可随意改变，如“门可罗雀”不可改为“门可网雀”或“门可罗鸟”。

由于历史悠久，有些成语在长期使用过程中出现了不同形式，如“如痴如醉”又写作“如醉如痴”，“揠苗助长”又写作“拔苗助长”。

关于成语的注音，《汉语拼音正词法基本规则》规定，“结构上可以分为两个双音节的，中间加连接号”，如“层出不穷”（céngchū-bùqióng）、“呼风唤雨”（hūfēng-huànyǔ）；“结构上不能分为两个双音节的，全部连写”，如“天伦之乐”（tiānlúnzhīlè）、“刻不容缓”（kèbùrónghuǎn）。

本课学习的成语

1	惊弓之鸟 ※	jīnggōngzhīniǎo	7	随心所欲	suíxīnsuǒyù
2	不以为然	bùyǐwéirán	8	探头探脑	tàntóu-tànnǎo
3	垂头丧气	chuítóu-sàngqì	9	提心吊胆	tíxīn-diàodǎn
4	东奔西走	dōngbēn-xīzǒu	10	小心翼翼	xiǎoxīn-yìyì
5	改邪归正	gǎixié-guīzhèng	11	自言自语	zìyán-zìyǔ
6	弄虚作假	nòngxū-zuòjiǎ	12	杞人忧天 ※	qǐrén-yōutiān

1 惊弓之鸟 jīnggōngzhīniǎo

原　文

异日者，更羸（léi）与魏王处京台之下，仰见飞鸟。更羸谓魏王曰："臣为王引弓虚发而下鸟。"……有间，雁从东方来，更羸以虚发而下之。……更羸曰："此孽（niè）也。"王曰："先生何以知之？"对曰："其飞徐而鸣悲。飞徐者，故疮痛也；鸣悲者，久失群也。故疮未息而惊心未忘也。闻弦音，引而高飞，故疮裂而陨（yǔn）也。"

（节选自《战国策·楚策四》）

参考译文

从前，更羸和魏王站在高台下面，抬头看见天上的飞鸟。更羸对魏王说："我只拉开弓，发出响声而不射出箭，就能使飞鸟掉在大王面前。"……过了一会儿，从东边飞来一只大雁，更羸只拉开弓，发出响声并未射出箭，这只大雁就掉下来了。……更羸说："这是一只受伤的大雁。"魏王问："您怎么知道是受伤的大雁呢？"更羸回答说："这只大雁飞得慢，叫声悲伤。飞得慢，是因为它有疮痛；叫声悲伤，是因为它长时间离开雁群。旧疮没好，受惊的心情还没忘掉。听到弓弦的响声，就用力往上飞，致使旧疮迸裂而掉了下来。"

（马燕华　译）

语　　义：被弓箭惊吓了的鸟。比喻受过惊恐后，见到一点儿动静就特别害怕的人。惊，受惊吓。

语用提示：常用于受过惊恐或遭遇过突发事件的人。

例 1　生活中的诸多打击已使她成为惊弓之鸟，最怕没有心理准备的意外。

例 2　没有走的人也全都变成了惊弓之鸟，听见有人敲门就吓得半死。

例 3　小偷儿如惊弓之鸟，迅速跳下了车，向黑暗中逃窜了。

例 4　人们盼望着战争早日结束，再也不用过这种惊弓之鸟的生活了。

例 5　听说同案犯已经落网，他犹如惊弓之鸟，在宾馆里坐卧不安。

2 不以为然 bùyǐwéirán

语　　义：不认为是这样，或不认为是对的，表示不同意这种看法。然，这样。

语用提示：对这件事完全不在乎，不放在心上，多含轻视或否定义。

例 1　老师批评了他，他却不以为然，满不在乎。

例 2　他嘴上虽然说同意，心里却不以为然。

例 3　1978 年，他 14 岁，考进了中国科学技术大学少年班。有人夸他是“神童”，他不以为然地说：“我不是什么神童，只是一个普通的孩子。”

例 4　由于神经性皮炎不会致命，很多人就不以为然。

例 5　她目前最担忧的是海洋生态环境日益遭到破坏的问题，而大多数人却对此不以为然。

3 垂头丧气 chuítóu-sàngqì

语　　义：形容情绪低落、失望、懊丧的样子。垂，低下。丧，失去。气，精神、信心。

语用提示：多用于人遇到了打击或失败的情景。

例 1　黄昏，男人们垂头丧气地回来了，他们打了败仗。

例 2　他们一讲成绩，就容易沾沾自喜，以为高枕无忧；一讲问题，就容易失去信心，变得垂头丧气。

例 3　上午八点多钟，一辆警车驶进公安局院内，两名垂头丧气的犯罪嫌疑人被押下了车。

例 4　被卸去轮胎的汽车趴在地上，显得垂头丧气。

例 5　面对此次危机，有一些企业垂头丧气，没有干劲儿。

4 东奔西走 dōngbēn-xīzǒu

语　　义：形容到处活动，多指为生活所迫而到处活动。奔，快跑。走，跑。

语用提示：常用来形容办某件事很不容易。

例 1　从去年开始，导演就东奔西走，采景、选演员什么的，行程有上万公里。

例 2 他是一名经济学研究生，临毕业时，他东奔西走，想找一个专业对口的单位，好好干一番事业。

例 3 他不是专栏作家，也不是大学教授，却东奔西走为推广普通话而努力。

例 4 他东奔西走，四方求援，终于筹集到 805 万元资金用于兴建幼儿园。

5 改邪归正 gǎixié-guīzhèng

语　　义：不再做坏事，回到正路上。邪，不正当的、错误的、违法的。归，回到原来的位置。正，正当的、正确的、合法的。

语用提示：多用于曾经犯过错误或做过违法的事的人。

例 1 他们经常给予这些失足青少年耐心的帮助和教育，引导他们改邪归正，并帮助他们解决就业等实际困难，使半数以上的失足青少年有了明显转变。

例 2 由于他的循循善诱，少年终于改邪归正，重新扬起了生活的风帆。

例 3 他过去偷过别人家的鸡，现在已经改邪归正，成了远近闻名的致富能手。

例 4 运用这一“武器”，可使作恶多端的癌细胞“改邪归正”。

6 弄虚作假 nòngxū-zuòjiǎ

语　　义：搞虚假的一套。弄，耍、玩弄。虚，虚假。

语用提示：形容耍花招儿、欺骗人、为自己捞好处的行为。用于贬义。

例 1 把别人的成果窃为己有，是一种弄虚作假的行为。

例 2 利用广告弄虚作假欺骗用户和消费者的企业，应责令其在相应范围内发布更正声明。

例 3 本公司保证所生产的产品都符合国家的质量要求，绝不弄虚作假。

例 4 他们弄虚作假，口头上说是出国考察，实际上是公款旅游，因此受到了严厉处罚。

例 5 他这篇论文盗用别人的研究成果，弄虚作假，必须公开道歉。

7 随心所欲 suíxīnsuǒyù

语　　义：一切都由着自己的心意，想怎么做就怎么做。欲，想要。

语用提示：用来指人完全凭感觉做事。一般用于贬义。

例 1　这些家长往往忽视子女的独立意识，把子女当作自己的私有财产，随心所欲地责骂。

例 2　人和自然应和谐共存，人不能随心所欲地改造自然。

例 3　人长大以后就不能像小时候一样随心所欲了。

例 4　她之所以热衷于买面料自己做夏装，一个重要原因是可以按自己的喜好随心所欲地设计款式，充分显示自己的个性。

8 探头探脑 tàntóu-tànnǎo

语　　义：伸出头四处看，多形容鬼鬼祟祟地窥探。

语用提示：悄悄地、小心地在一个狭小的空间或有遮挡物的空间内窥探，希望发现什么。

例 1　不少人家听见喊声都开门探头探脑地张望。

例 2　儿子站在客厅门后探头探脑，担心生气的父亲找到自己。

例 3　老王站在一扇破窗户前面探头探脑，不知道在看些什么。

例 4　你过来吧，别探头探脑的，有什么话就说。

9 提心吊胆 tíxīn-diàodǎn

语　　义：心被提着，胆被吊着。吊，悬着。

语用提示：形容十分担心或害怕，而且所担心、害怕的事情往往比较危险。

例 1　他们对孩子的独立行动感到提心吊胆，担心孩子遇到困难，总想把孩子拴在身边加以保护。

例 2　渔民出海捕鱼时，家里人总会提心吊胆，唯恐有个三长两短。

例 3　车在狭窄的山路上颠簸着行进，车外虽然风景如画，车内的人却提心吊胆，谁也无心欣赏美景。

例 4　这是一座“没有盗窃的城市”，人们出门忘了锁门也用不着提心吊胆。

10 小心翼翼 xiǎoxīn-yìyì

语　　义：形容举动十分谨慎，丝毫不敢疏忽。翼翼，恭敬谨慎的样子。

语用提示：常用于如果不十分小心就容易出问题的情境。

例 1　她小心翼翼地将那个女婴抱在怀里。

例 2　他小心翼翼地拆开信封，里面是一张指挥大师的黑白照片，上面有大师的亲笔签名。

例 3　刮风下雨时，如果看见幼鸟落到了地上，村民们便会小心翼翼地把幼鸟放回巢里。

例 4　马路上积雪很厚，汽车小心翼翼地向前移动着。售票员不时提醒乘客慢上慢下，以免滑倒。

11 自言自语 zìyán-zìyǔ

语　　义：自己跟自己说话。自，自己。言、语，说话。

语用提示：一般是自己跟自己低声说话，反映出说话者的真实想法。

例 1　他自言自语道：“我该走了……”

例 2　人在专注地思考问题的时候，常常会自言自语。

例 3　他渐渐变得落落寡合，从不主动与我们交流，能在自己的房间里待很久；而且经常自言自语，自己跟自己玩儿，上学、放学都是闷闷的。

例 4　面临困难、碰到挫折或是受到伤害时，自言自语有缓解作用。

12 杞人忧天 qǐrén-yōutiān（杞人之忧）

原　　文

杞国有人忧天地崩坠，身亡所寄，废寝食者。

（节选自《列子·天瑞》）

参考译文

杞国有个人担心天会塌下来，地会下沉，失去住的地方，愁得睡不着觉，吃不下饭。

（马燕华　译）

语　　义：比喻为没有根据或不必忧虑的事情而忧虑。杞，古代国家名。忧，忧虑。

语用提示：含讥讽色彩，用于贬义。

例 1　我原先有些担心语言不通、买卖难做，但是一切进行得很顺利，看来我是杞人忧天了。

例 2　父母苦口婆心地劝说，列举了做生意的种种风险，他觉得父母有些杞人忧天。

例 3　我深信，人类的智慧足以解决这些问题，没有必要杞人忧天。

例 4　这个工作没那么难完成，他实在是杞人忧天、自寻烦恼，你要多开导他。

例 5　近几年气候变暖，恶劣天气增多。环保问题涉及人类的生存，这并非是杞人忧天。

练　　习

一 使用本课成语填空

1. 老师批评他上课玩儿手机，他很________________，认为只要考试能通过就行，上课玩儿手机并没有影响他的学习。
2. 妈妈经常在我的房间门口________________，想知道我在房间里干什么。
3. 每次考试成绩出来前我都________________，担心会不及格。
4. 她再一次________________地核对了航班号、登机口和登机时间。

5. 从小父母就教育我们做任何事情都不能________________，要做一个诚实的人。

6. 刚从地震灾区跑出来的人，个个如同________________。

7. 他________________地走出了考场，看样子没考好。

8. 他常常编假话请假，不是感冒，就是发烧，甚至遭遇车祸。我讨厌他这种________________的行为。

9. 她成天担心要是发生地震怎么办，真是________________。

10. 回家要经过一段没有路灯的小路，我每天晚上经过那儿都有点儿害怕，________________的。

11. 他过去不务正业，现在已经________________了，而且结了婚，生了孩子，过上了幸福的生活。

12. 他早上睡过头了，醒来一看手机，已经八点半了。他________________说道："糟糕，今天要迟到了！"

13. 自从我骂了我家的宠物狗后，每次它走过我的房间门口都________________的，看起来挺可怜的。

14. 如果不治理环境污染，几十年后，将会出现大量受其影响而生病的人，这绝非________________。

二 使用本课成语改写句子

1. 现在大学毕业生找工作不容易，最近他跑上海、跑广州，到处找工作。

改写为：________________________________

2. 她非常小心谨慎地向妈妈问起了爸爸公司女秘书的情况。

改写为：________________________________

3. 半夜老有一个人在大门外不断朝里面望。

改写为：____

4. 他觉得妈妈不了解他，认为妈妈的批评是不对的。

改写为：____

5. 他家很有钱，但是他很节俭，从来不是想买什么就买什么。

改写为：____

6. 有的人不好意思告诉老板不去上班的真实理由，请假时常常说假话。

改写为：____

7. 她老担心发大水，这真是没有必要的忧虑。

改写为：____

8. 买东西的时候，不能想买什么就买什么，要理性。

改写为：____

第四课　三令五申

成语小知识

成语书写形式特点（2）

成语绝大多数为四个字，如“安居乐业”“后顾之忧”“不以为然”等；但是也有一些两个字的成语，如“请缨”“染指”“问津”等。人们在使用两个字的成语时，常常会再搭配两个汉字，形成比较固定的四字形式，如“主动请缨”“染指政坛”“无人问津”。五个字、六个字的成语比较少见。

本课学习的成语

1	三令五申 ※	sānlìng-wǔshēn	7	前所未有	qiánsuǒwèiyǒu
2	百花齐放	bǎihuā-qífàng	8	日新月异	rìxīn-yuèyì
3	层出不穷	céngchū-bùqióng	9	迎刃而解	yíngrèn'érjiě
4	川流不息	chuānliú-bùxī	10	有声有色	yǒushēng-yǒusè
5	大同小异	dàtóng-xiǎoyì	11	争先恐后	zhēngxiān-kǒnghòu
6	开门见山	kāimén-jiànshān	12	杯水车薪 ※	bēishuǐ-chēxīn

1 三令五申 sānlìng-wǔshēn

原　文

……出宫中美女，得百八十人。孙子分为二队，以王之宠姬二人各为队长，皆令持戟（jǐ）。令之曰：“汝知而心与左右手背乎？”妇人曰：“知之。”孙子曰：“前，则视心；左，视左手；右，视右手；后，即视背。”妇人曰：

"诺。"约束既布，乃设铁（fū）钺（yuè），即三令五申之。于是鼓之右，妇人大笑。孙子曰："约束不明，申令不熟，将之罪也。"复三令五申而鼓之左，妇人复大笑。孙子曰："约束不明，申令不熟，将之罪也；既已明而不如法者，吏士之罪也。"乃欲斩左右队长。吴王从台上观，见且斩爱姬，大骇。趣使使下令曰："寡人已知将军能用兵矣。寡人非此二姬，食不甘味，愿勿斩也。"孙子曰："臣既已受命为将，将在军，君命有所不受。"遂斩队长二人以徇。

（节选自《史记·孙子吴起列传》）

参考译文

……吴王选了宫中的美女一百八十人供孙子调遣。孙子把她们分为两队，让吴王宠爱的两个侍妾分别做队长，让所有的美女都拿着戟。

孙子问她们："你们知道自己的心口、左右手、后背在什么地方吗？"妇人们说："知道。"孙子说："我说'前'，你们就朝自己心口对着的方向看；我说'左'，你们就朝着左手的方向看；我说'右'，你们就朝着右手的方向看；我说'后'，你们就朝着后背对着的方向转过身看。"妇人们回答："是。"

孙子交代完规则后，就把军中的斧、钺等刑具摆了出来，接着又把已经宣布的命令反复说明了好几遍。于是击鼓传达命令"右"，结果妇人们大笑起来。孙子说："纪律不清楚、命令不熟悉，这是我这个将军的过错！"孙子又把命令反复交代了好几遍，接着击鼓传达命令"左"，妇人们又大笑起来。孙子说："纪律不清楚、命令不熟悉，这是我这个将军的过错；已经明白了命令，但是不遵守命令，是军官和士兵的过错。"于是要杀左、右两队的队长。

吴王在台上观看孙子训练，看到他要杀自己的爱妾，大吃一惊。急忙派使者传下命令："我已经知道孙将军善于用兵了。我如果没有这两位侍妾，吃东西都会没有味道，希望不要杀她们。"

孙子说："我已经接受您的任命做了将军，将军在军队中，就是君王的命令有的也可以不服从。"于是杀了那两位队长示众。

（马燕华　译）

语　　义：多次命令和告诫。令，命令。申，说明。

语用提示：多次被命令、告诫不要做的事一般是负面的，被命令者很难纠正自身行为；发出命令者应是具有发布命令、政策、规定的权力部门，或用于上级对下级、领导对群众。

例 1　公司曾三令五申，不准用公款购买任何礼品用于赠送，然而却屡禁不止。

例 2　近年来，中央三令五申要减轻农民负担。

例 3　近年来，有关部门三令五申，严禁重污染工厂开设在河流附近。

例 4　有些地方办什么事都要农民集资，出钱出力，尽管三令五申，仍屡禁不止。

例 5　纠正某些不正之风，不能只靠政府三令五申，要依法惩处。

2 百花齐放 bǎihuā-qífàng

语　　义：各种鲜花一齐开放，形容繁荣的景象，或比喻不同形式和风格的各种艺术作品自由发展。齐，同时。放，开放。

语用提示：所指事物不限于艺术领域，也可以用于反映社会风气自由民主，常与“百家争鸣”连用。用于褒义。

例 1　他呼吁大家理性看待不同的意见，主张百花齐放。

例 2　在研究的问题和研究的方法上，要尽可能百花齐放，不拘一格。

例 3　文艺创作在 1980 年代出现了百花齐放的局面，各类优秀作品层出不穷。

例 4　在打法风格上，这次的参赛选手也是百花齐放，给中国乒坛带来了新的气息。

例 5　在学术问题上，要坚持百花齐放，百家争鸣，平等研讨，充分说理，以理服人。

例 6　如果各类杂志的栏目都百花齐放，杂志就没有特色了。

3 层出不穷 céngchū-bùqióng

语　　义：接连不断地出现，没有穷尽。层，重复。穷，尽、止。

语用提示：一般指同类事物一批一批地大量出现。

例 1　随着市场竞争日趋激烈，新产品层出不穷，不断刺激着消费者的购买欲望。

例 2　近年来，上海科技界的拔尖儿人才层出不穷。

例 3　现代科学技术的发展日新月异，新发明、新理论层出不穷，知识更新异常迅速。

例 4　很多旧问题需要继续解决，而新问题也是层出不穷。

例 5　比赛中双方队员推人、踢人、污辱冲撞裁判等粗暴行为层出不穷，比赛中断时间越来越长，给世界杯笼罩了一层阴影。

4 川流不息 chuānliú-bùxī

语　　义：形容像河水流淌一样不停息。川，河。息，停止。

语用提示：常用来形容车多、人多。

例 1　走出胡同，只见大街上车辆川流不息，人流熙熙攘攘。

例 2　入夜，浦江大桥上华灯齐放，川流不息的汽车汇成一条灯的河流。

例 3　在吉林长白山人参市场上，买卖人参的人员川流不息，每天的成交额都十分可观。

例 4　前来观看表演的观众川流不息，其中有许多人还是从外地专程赶来的。

5 大同小异 dàtóng-xiǎoyì

语　　义：大部分相同，只有小部分不同。异，不同。

语用提示：指事物之间的区别不是很大。

例 1　人的脚形都是大同小异的。

例 2　中国各地过年的风俗习惯大同小异，基本一致。

例 3 随着旅游业的发展，旅游商品日渐丰富，但各种旅游商品却大同小异，缺少个性。

例 4 日本火锅与中国火锅大同小异，吃火锅时那种温暖亲切的氛围尤其相似。

例 5 现代人类学的研究成果认为，世界各民族文化其实大同小异。

6 开门见山 kāimén-jiànshān

语　　义：打开门就可以见到山。比喻说话、写文章直截了当。

语用提示：说话、写文章时，一开头就触及话题核心。

例 1 我就开门见山地说了，如果有谁对公司的政策不满意，可以直接告诉我，在背后议论是没有用的。

例 2 他听说后，立即把几位同学招呼到家里，开门见山地说："老师一生不易，如今老了，我们得去照顾他。"

例 3 语文老师讲作文怎么开头时，经常说要开门见山。当然好文章不一定非要开门见山，但是开门见山是一种文章开头的好办法。

例 4 开门见山是撰写广告文案的总原则。

7 前所未有 qiánsuǒwèiyǒu

语　　义：以前从来没有过。

语用提示：用来形容历史上第一次出现的现象、事物等。

例 1 在 1976 年诺贝尔奖的授奖仪式上，出现了前所未有的场面：获物理学奖的美籍科学家丁肇中教授用汉语发表了获奖演讲。

例 2 美籍华人贝聿铭被称为"美国历史上前所未有的最优秀的建筑家"。

例 3 他们是多年的竞争对手，最近竟然出现了前所未有的缓和气氛，这让我们都很吃惊。

例 4 公司只有不断创新，研制出前所未有的产品，才能吸引客户，赢得市场。

例 5 水稻种植新技术的推广，给全县稻农带来了前所未有的大丰收。

8 日新月异 rìxīn-yuèyì

语　　义：每天、每月都有新变化，形容进步、发展很快。异，不同。

语用提示：用于褒义。

例 1　学校如果只给学生传授知识，不利于他们适应这日新月异的世界。

例 2　她深深地了解，当今世界科学技术发展日新月异，只有不断研制新产品，才能在国内外市场上立于不败之地。

例 3　日新月异的交通和通信技术把远隔千山万水的人们联系得更加紧密，人们的交流更方便了。

例 4　如今，科技专业知识日新月异，人一旦因某些原因退出职场，就很难再回到原来的工作岗位了。

例 5　科学原理有相对的稳定性，而技术的发展则日新月异。

9 迎刃而解 yíngrèn'érjiě

语　　义：用刀劈竹子，劈开了口儿，下面的一段就迎着刀口自己裂开。比喻关键问题解决了，其他相关问题就能很容易地得到解决。迎，对着。刃，刀刃。

语用提示：需注意区别关键问题与一般问题，多用在关键问题解决以后。

例 1　有了导游图，路线、吃饭等问题就迎刃而解了。

例 2　引来人才好比招来“财神”，技术难题迎刃而解，企业才能蒸蒸日上。

例 3　她比以前开朗多了，由性格内向导致的各种问题迎刃而解了。

例 4　有些东西自己不适用，留之无用，弃之可惜。如果有个“礼品回收行”，那么如何处理这些东西的问题就可以迎刃而解了。

10 有声有色 yǒushēng-yǒusè

语　　义：形容表现得十分生动精彩。声，声音。色，颜色。

语用提示：所形容的事物并不都是既有声音、又有颜色，只是用来强调生动、吸引人。

例 1 许多孩子的形象、动作、话语、笑貌就好像电影一样，至今仍有声有色、活灵活现地展现在我的脑海中。

例 2 他在讲台上，讲得有声有色，滔滔不绝。

例 3 尽管困难重重，而且只有三张课桌、五个学生，但刘老师将“巴掌小学”办得有声有色。

例 4 为把杂志办得有声有色，有影响力，她投入了大量精力。

11 争先恐后 zhēngxiān-kǒnghòu

语　　义：争着向前，担心落后。恐，担心。

语用提示：用来形容人们都希望抢在前面，但事实上抢在前面并不容易。

例 1 等电视剧剧情告一段落，插播广告时，家里人都争先恐后地去卫生间。

例 2 与会者就群众关心的热点问题，争先恐后地发表意见。

例 3 在主持人简短的开场白之后，观众们开始争先恐后地提问。

例 4 大伙儿争先恐后地拿着牛肉、羊肉、酒和粮食来慰劳刘邦的将士。

例 5 人们吃惯了本国米，不愿吃进口米，家庭主妇们争先恐后抢购本国大米，使本来就供不应求的大米价格暴涨。

12 杯水车薪 bēishuǐ-chēxīn

原　　文

仁之胜不仁也，犹水胜火。今之为仁者，犹以一杯水，救一车薪之火也；不熄，则谓之水不胜火，此又与于不仁之甚者也。亦终必亡而已矣。

（节选自《孟子·告子上》）

参考译文

仁能战胜不仁，正像水可以扑灭火一样。现在推行仁的人，就好像用一杯水去救一车燃烧着的木柴。一旦火焰扑不灭，就说水不能扑灭火，这样的说法又大大助长了那些不仁之徒的气势。最后，连这点儿仁也一定会消失的。

（马燕华　译）

语　　义：用一杯水去救一车着了火的柴。比喻对事情没什么帮助。薪，烧火用的木柴。

语用提示：形容力量太小，对问题的解决没什么帮助。

例 1　火车车厢最多由 14 节增到 20 节，这也不过是杯水车薪，解决不了乘车难的问题。

例 2　仅靠父亲每月一千多元的伤残补助，供养三个上学的孩子，只能是杯水车薪。

例 3　此区域仅有公厕二十多座，平均每十万流动人口仅有一座，当然是杯水车薪。

例 4　他们只能派出一小部分员工来帮忙，虽然是杯水车薪，但总比什么都没有要好。

例 5　面对如此大的山火，靠人力运水灭火，真是杯水车薪。

练　　习

一　使用本课成语填空

1. 交通部门________严禁酒后开车，但是这种现象还是时有发生。
2. 我喜欢看________的文章，这样很容易知道作者接下来想说什么。
3. 商场有优惠活动的时候，一开门人们就________地涌进商场购买优惠商品。
4. 上下班高峰时间，马路上的车辆________。
5. 今年，学生会的同学工作都很努力，各项课后活动开展得________。
6. 女性担任总统在这个国家的历史上________。
7. 父亲的公司倒闭了，欠了一大笔债，靠母亲变卖首饰还债实在是________。

8. 他们俩争吵得很厉害，其实他们的意见________________。
9. 这家名牌化妆品公司每年推出的新产品________________。
10. 他的口头表达能力很强，无论什么事，他讲起来总是________________，十分生动。
11. 十年来，这座小城市发生了________________的变化。
12. 文化环境自由民主，人们的观点看法才能________________。
13. 你只要晚上能早睡，其他问题，如早上起不来、没时间吃早饭、经常迟到等，都会________________。
14. 他是个急脾气，说话喜欢________________。
15. 中国各地的春节传统风俗习惯________________。
16. 这是我们捐的1000元人民币，虽然只是________________，但是代表了我们的心意。

二 使用本课成语改写句子

1. 学校多次告诫学生考试不准作弊，但是每次考试总有人明知故犯。

改写为：____

2. 假日时，很多大商场人们进进出出，像河水一样连续不断。

改写为：____

3. 这家公司生产的手机接连不断出现新款式。

改写为：____

4. 许多公司的招聘条件主要部分相同，只有小部分有区别。

改写为：____

5. 老板性子急，说话喜欢直截了当。

改写为：________________________________

6. 靠校园募捐给患癌症的同学筹集医疗费，数额太小了。

改写为：________________________________

7. 网络游戏一批一批地推出，数量太多了。

改写为：________________________________

8. 现在学习汉语的外国人，数量上是历史上最多的。

改写为：________________________________

第五课　如火如荼

成语小知识

成语语义特点（1）：意义的整体性

意义的整体性是成语语义的最主要特征。一般来说，成语语义不是组成成语的每个词意义的简单相加，而是这几个词合在一起产生的一个完整语义。如："鸡毛蒜皮"不是指鸡毛和蒜皮，而是指生活琐事；"东奔西走"不是指向东跑、向西走，而是形容到处奔波，多指为生活所迫或为某一目的四处奔走活动；"有声有色"不是指有声音、有颜色，而是形容表现得十分生动。

本课学习的成语

1	如火如荼 ※	rúhuǒ-rútú	7	四面八方	sìmiàn-bāfāng
2	按部就班	ànbù-jiùbān	8	天伦之乐	tiānlúnzhīlè
3	风餐露宿	fēngcān-lùsù	9	熙熙攘攘	xīxī-rǎngrǎng
4	恰到好处	qiàdào-hǎochù	10	引人注目	yǐnrén-zhùmù
5	千方百计	qiānfāng-bǎijì	11	有的放矢	yǒudì-fàngshǐ
6	水涨船高	shuǐzhǎng-chuángāo	12	亡羊补牢 ※	wángyáng-bǔláo

1　如火如荼 rúhuǒ-rútú

原　文

万人以为方阵，皆白裳、白旂（qí）、素甲、白羽之矰（zēng），望之如荼。王亲秉钺（yuè），载白旗以中陈而立。左军亦如之，皆赤裳、赤旟

（yú）、丹甲、朱羽之矰，望之如火。

（节选自《国语·吴语》）

参考译文

（右军）一万人组成一个方阵，将士们都穿着白色的下衣，上身披挂着白色的铠甲，举着白色的旗子，背着白色羽毛的短箭，远远望去像一片白色的茅草花。吴国国君在中间亲自握着大斧，身旁插着白旗，站在方阵中央。左军也摆出同样的阵势，将士们都穿着红色的下衣，上身披挂着红色的铠甲，举着红色旗子，背着红色羽毛的短箭，远远望去像一片红色的火海。

（马燕华 译）

语　　义：像火一样，像白色茅草花一样。本来形容军队气势盛大，现在用来形容气势盛大或气氛、情感热烈或激烈。荼，茅草开的白花。

语用提示：用于褒义。

例 1　最近各个学校的合唱比赛都办得如火如荼。

例 2　经济发展如火如荼之际，环保更显得刻不容缓。

例 3　大家都用广告手段来吸引消费者，争夺消费者，于是广告大战便愈演愈烈，如火如荼。

例 4　世界杯正如火如荼地进行着，看得人如痴如醉。

例 5　春天，漫山遍野千万树桃花开得如火如荼。

2 按部就班 ànbù-jiùbān

语　　义：按照一定的次序或步骤行事。部，类别。就，接近、归入。班，次序。

语用提示：有时也用来形容缺乏灵活性，没有创新意识，只会按规定办事。

例 1　据了解，这个城市的电话号码升位工作目前在按部就班地进行着，进展顺利。

例 2　他无论做什么事都按部就班，有条不紊，专心致志，有克服困难的决心和毅力，绝不三心二意。

例 3　谈到写作，她说她不可能按部就班地写作，她每一次写书都会进入一种疯狂的状态。

例 4 时间不允许他按部就班、从从容容地开展工作。

例 5 他学的是经贸专业，而且文字功底极好，因看不惯这里论资排辈、按部就班的提拔方式，决意辞职出去闯荡闯荡。

例 6 不敢走前人未走过的路，不敢做前人未做过的事，因循守旧，按部就班，根本不可能成为成功的企业家。

3 风餐露宿 fēngcān-lùsù

语　　义：在风中吃饭，在露天住宿。形容旅途或野外生活的艰苦。餐，吃饭。露，露天（指野外）。宿，住。

语用提示：一般指较长时间内生活条件很艰苦。

例 1 他经常出入深山峡谷，披星戴月，风餐露宿，有时还会有生命危险。

例 2 长期在野外跋山涉水，风餐露宿，使他身染多种疾病。

例 3 这名女子携带其 6 岁的女儿在火车站风餐露宿多日，后来被带到警察局进行询问。

例 4 球场外绵延约一百米的小帐篷队伍，都是为购得球票不惜风餐露宿的铁杆网球迷。

例 5 销售人员经常出差，风餐露宿是家常便饭。

4 恰到好处 qiàdào-hǎochù

语　　义：形容正好达到适当的程度。恰，正好。好，最佳。

语用提示：形容说话、办事能掌握分寸。用于褒义。

例 1 中式菜肴的分量恰到好处，我们正好吃光。

例 2 这家饭馆的清蒸鳊鱼鲜嫩可口，火候恰到好处。

例 3 那件丝绸旗袍柔软贴身，恰到好处地把她的身段展现了出来。

例 4 我的第一感觉是这女子充满活力，人长得美丽，高矮胖瘦恰到好处。

例 5　家里的装饰品，如壁画、花草、小挂件等，点缀得恰到好处，家庭气氛颇浓。

例 6　他这话说得恰到好处，既让我明白了自己的错处，又没有让我感到难堪。

5 千方百计 qiānfāng-bǎijì

语　　义：形容想尽或用尽种种方法和计策。方，方法。

语用提示：用来形容办不容易办成的事。

例 1　他千方百计地寻找能长生不老的药方。

例 2　老师不留作业，家长留；学校不考试，家长千方百计找来别的学校的卷子，自己考孩子。

例 3　商品生产者必须千方百计地使自己的产品质优价优。

例 4　除了国内市场，我们公司还要千方百计地开拓国外市场。

例 5　只要是认准了可以干的事，不管遇到什么困难，他都带头干，而且千方百计地要干好。

6 水涨船高 shuǐzhǎng-chuángāo

语　　义：水上涨了，船身也随着升高。比喻事物随着它所凭借的基础的提高而提高。涨，水位升高。

语用提示：提及的两件事之间一般有因果关系。

例 1　节日期间，机票和饭店价格普遍上涨，使得旅游成本水涨船高。

例 2　毛巾、肥皂、洗发水、理发工具的价格都上涨了，理发的价格只能水涨船高，可价格太高，顾客又有意见。

例 3　随着经济的复苏，这里的房租也水涨船高。

例 4　随着人们生活水平的提高，压岁钱的价码也水涨船高，现在有的地方的压岁钱已经暴涨到几千元甚至上万元了。

例 5　随着中国经济的发展，老百姓的生活水平也水涨船高。

7 四面八方 sìmiàn-bāfāng

语　　义：泛指各地或各个方面。方，方向。

语用提示：人或事物在短时间内大量聚集或分散。

例 1　现已 74 岁的老中医周先生，如今每天仍坚持工作，接待来自四面八方的患者。

例 2　现在我们有国际、国内直拨电话，还有短信、微信，节日的问候、祝福可以迅速飞向四面八方。

例 3　订货单像雪片一样从四面八方飞到这家制药厂。

例 4　过期的、泄漏的、沉淀的、变质的啤酒和饮料，被一批批从四面八方退了回来。

8 天伦之乐 tiānlúnzhīlè

语　　义：泛指家庭、亲人团聚的欢乐。伦，顺序。天伦，自然形成的血缘关系。

语用提示：指亲情带来的欢乐。

例 1　她迁居香港，终于与离别多年的父母、丈夫团聚，共享天伦之乐。

例 2　他一直过着退休老人的普通生活，在家里与儿女和孙子孙女们共享天伦之乐。

例 3　在繁忙的工作之余，他总要抽空儿与儿子待一会儿，享受父子间的天伦之乐。

例 4　在举国辞旧岁、迎新春的时候，有很多人放弃了同家人共享天伦之乐，坚守在各自的工作岗位上。

例 5　当您合家欢聚、共享天伦之乐时，请不要忘记那些孤独的老人和儿童，应适当地给予他们一些帮助。

9 熙熙攘攘 xīxī-rǎngrǎng

语　　义：形容人来人往，非常热闹。熙熙，和乐的样子。攘攘，纷乱的样子。

语用提示：含有社会安宁、平和的意思。

例 1　记者来到北京西站，看到过街天桥、广场、大厅和候车室里到处都是<u>熙熙攘攘</u>的人群，其中学生占了大部分。

例 2　在家待了一天，出门看到大街上人流<u>熙熙攘攘</u>，车水马龙，心情不禁大好。

例 3　购物中心里摩肩接踵、<u>熙熙攘攘</u>的顾客，如不息的江潮海涛。

例 4　“我享受逛这些百年老店的乐趣。”在<u>熙熙攘攘</u>的北京王府井商业街，来自山西的游客孙小姐这样说道。

例 5　在购物节的最后一天，商城内外依然<u>熙熙攘攘</u>，所有的店铺都挤满了前来购物的顾客。

10　引人注目 yǐnrén-zhùmù

语　　义：引起别人注意或重视。注目，目光集中在一处。注，集中。目，目光、注意力。

语用提示：形容人、物或现象与周围其他事物相比，更容易引起注意。

例 1　在比利时首都布鲁塞尔的中心广场，有一座<u>引人注目</u>的撒尿小孩儿铜雕像。

例 2　蓝底白字的“燕莎桥”三个字格外<u>引人注目</u>。

例 3　身着五彩民族服装的男女青年在人群中尤为<u>引人注目</u>。

例 4　近几年来，房地产业的兴起，是我国经济生活中一个<u>引人注目</u>的现象。

例 5　他现已成为广西美术界一位<u>引人注目</u>的青年画家。

例 6　因此，在用洗衣液清洗污渍前，最好在衣服的边角等不<u>引人注目</u>的地方先试一下儿，看会不会造成衣物褪色。

11 有的放矢 yǒudì-fàngshǐ

语　　义：对着箭靶射箭。比喻言论或行动目标明确。的，箭靶。矢，箭。

语用提示：指做事有针对性。

例 1　学校给每个学生专设了学习、生活档案，有的放矢地进行教育。

例 2　了解了儿童肥胖的原因，家长就可以有的放矢地防止儿童出现过度肥胖。

例 3　个人投资应根据手持资金的情况，合理安排，有的放矢地选择投资种类。

例 4　他在亲自向农民传授科技知识的同时，还实地调查了农民们的迫切需要，有的放矢地解决他们的问题。

例 5　家庭备药应有的放矢。对教师和文艺工作者来说，咽喉不适是常见的事，可多备些防治咽炎的药。

12 亡羊补牢 wángyáng-bǔláo

原　　文

臣闻鄙语曰："见兔而顾犬，未为晚也；亡羊而补牢，未为迟也。"

（节选自《战国策·楚策四》）

参考译文

我听俗语说："看见兔子再回头放出狗，还不算晚；丢了羊再修补羊圈，也不算迟。"

（马燕华　译）

语　　义：羊丢失后修补羊圈。比喻受到损失之后及时补救，免得以后再受损失。亡，丢失。牢，牲口圈。

语用条件：用于已经遭受损失之后。

例 1　销售之后因质量问题退货或赔偿客户损失是亡羊补牢的做法，不如从一开始就搞好质量。

例 2 楼里被盗的几户纷纷安装防盗门，亡羊补牢。

例 3 火灾处理负责人在会上指出，发生火灾的根本原因就在于某些人不是亡羊补牢，而是亡羊不知补牢，或亡羊不愿补牢。同时，亡羊补牢要真补，不能只停留在嘴上，要有实际行动。

例 4 失败后要总结教训，亡羊补牢。

例 5 市政府把亡羊补牢变成防患于未然，工作很主动。

练　习

一 使用本课成语填空

1. 车祸发生后，人们从________________赶到现场参加救援。
2. 他从北京骑自行车去拉萨，一路上________________，历时六个月，终于安全到达了目的地。
3. 近几年，汉语学习活动在世界多国开展得________________。
4. 全家人在一起生活，享受________________，是许多人的生活追求。
5. 他大学毕业后参加了科考队，这几年________________，生活得很辛苦。
6. 在欧洲的一些小城市，平时很少能看到人群________________的景象。
7. 一般来说，习惯________________的人比较缺乏冒险精神。
8. 这位前台小姐的笑容________________，不会给人过于热情或冷漠的感觉。
9. 虽然我这次考试没及格，但我从现在开始努力，________________，还不晚。
10. 汽油涨价了，出租车的价格也________________。
11. 这场足球比赛是争夺冠军的决赛，他________________排了三天队，终于买到两张票。

12. 老师根据他的汉语情况____________地进行辅导，他的汉语水平有了明显提高。

13. 她长得很好看，走在大街上非常__________。

14. 这件事虽然很难，但是很值得做，我__________也要做成。

15. 随着学习汉语的外国学生的不断增加，这所语言学校的学费也__________了。

二 使用本课成语改写句子

1. 不管事情多紧急，他总是不慌不忙，一步一步地慢慢来。

改写为：____________________________________

2. 大米的价格提高了，由大米制作的点心的价格也跟着提高了。

改写为：____________________________________

3. 这次我虽然考得不好，但是考后我有针对性地分析了试卷，总结了自己的错误，这对以后的学习和考试都是很有意义的。

改写为：____________________________________

4. 出了问题我们虽然能去补救，但更好的做法是，在没出问题前就做好预防工作。

改写为：____________________________________

5. 他在地震中失去了双亲，再也不能享受亲情带来的欢乐了。

改写为：____________________________________

6. 商店的打折广告，总是做得很吸引人。

改写为：______________________________

7. 她今天化的妆不浓不淡，刚刚好。

改写为：______________________________

第六课 四面楚歌

成语小知识

成语语义特点（2）：多用比喻义

不少成语的语义，特别是由典故凝固而成的成语的语义，常常有通过隐喻产生的比喻义。如："对症下药"，比喻针对具体情况决定解决问题的办法；"画蛇添足"，比喻做多余的事，反而不恰当；"滥竽充数"，比喻没有真正的才干，混在行家里面充数，或拿不好的东西混在好的里面凑数。

本课学习的成语

1	四面楚歌 ※	sìmiàn-chǔgē	7	七嘴八舌	qīzuǐ-bāshé
2	闭关自守	bìguān-zìshǒu	8	三番五次	sānfān-wǔcì
3	断断续续	duànduànxùxù	9	似是而非	sìshì-érfēi
4	供不应求	gōngbúyìngqiú	10	雪上加霜	xuěshàng-jiāshuāng
5	后顾之忧	hòugùzhīyōu	11	应接不暇	yìngjiē-bùxiá
6	接二连三	jiē'èr-liánsān	12	子虚乌有 ※	zǐxū-wūyǒu

1 四面楚歌 sìmiàn-chǔgē

原　文

项王军壁垓下（Gāixià），兵少食尽，汉军及诸侯兵围之数重。夜闻汉军四面皆楚歌，项王乃大惊，曰："汉皆已得楚乎？是何楚人之多也！"

（节选自《史记·项羽本纪》）

参考译文

项王的军队在垓下驻扎，士兵很少，粮食也吃完了，被汉王和其他诸侯的军队一层又一层包围着。夜里，项王听到四面的汉王军队在唱楚国的歌谣，项王大吃一惊，说："汉军已经占领楚国了吗？要不然他们军中为什么有这么多楚国的人呢？"

（马燕华　译）

语　　义：形容四面受敌，处于孤立无援的困境。楚歌，楚国的歌谣。

语用提示：形容周围都是反对的声音，处于接近彻底失败的境地。

例 1　刘邦用了张良的一个计策，让军队在楚国营寨四面八方唱起楚国的歌谣来。项羽的军队四面楚歌，军心瓦解，最终项羽自刎于乌江畔。

例 2　很多现在知名的品牌都曾陷入过四面楚歌的境地。

例 3　造船厂如今四面楚歌，职工工资几近难发。

例 4　她不能回家，不能找人倾诉，内外交困，四面楚歌，整个人仿佛置身于一团迷蒙的烟云之中。

例 5　在我四面楚歌的时候，你们怎么能够离开我！

2 闭关自守 bìguān-zìshǒu

语　　义：闭塞关口，不跟别国来往；也泛指不跟外界交往，不愿接受新事物。闭，关闭。关，古代在交通险要或边境出入地设置的守卫处所。守，守卫。

语用提示：也可以用来形容人性格孤僻，不主动与外界接触。

例 1　长期的闭关自守使清朝统治者对正在发生重大变化的世界秩序毫无所知。

例 2　长时间闷在家里，闭关自守，会失去与外界的联系，失去对世界的好奇心和对生活的热情。

例 3　你要改改拒绝社交、闭关自守的毛病，多和人交流是有好处的。

例 4　面对开放的世界，任何国家闭关自守都没有出路。

例 5　在发展经济方面，闭关自守不对，但是完全依赖外国投资也不行。

3 断断续续 duànduànxùxù

语　　义：时而中断，时而继续。续，接在原有的后头。

语用提示：形容事件虽然整体上一直持续着，但时有停顿。

例 1　雨断断续续的，下个没完。

例 2　沿路可以听到断断续续的歌声。

例 3　这条沙漠中的公路有的地方被黄沙掩盖，远远看去断断续续的。

例 4　到 1 月 4 日，我才开始断断续续地收到报纸，一个月只收到了 16 天的报纸。

例 5　她经过八年断断续续的治疗，右腿仍然没有治好。

例 6　他学了一年汉语，已经能断断续续读中文小说了。

4 供不应求 gōngbúyìngqiú

语　　义：供应的东西不能满足需求。供，供应。应，满足。求，需求。

语用提示：形容提供的东西数量不够，很受欢迎。

例 1　他们生产的保险柜、文件柜、档案柜等三十多种柜子，一直供不应求。

例 2　世界杯足球赛门票一直供不应求。

例 3　商品供不应求往往会导致涨价。

例 4　这是一所为上海培养外向型复合人才的学校，建校以来生源质量稳定，毕业生总是供不应求。

例 5　经过员工的努力推销，他们的产品由滞销变为供不应求。

5 后顾之忧 hòugùzhīyōu

语　　义：需要回过头来照顾的令人忧虑的事情，泛指来自后方的或家庭的忧虑。顾，回头看。忧，忧虑、担心。

语用提示：常与“解除”“解决”等动词搭配。

例 1　这家公司为了解决职工的后顾之忧，为他们修建了廉价食堂、幼儿园等服务部门。

例 2　她自费为村民办起了一所幼儿园，为他们能专心致富解决后顾之忧，受到当地群众的欢迎。

例 3　政府要解决拖欠教师工资的问题，解除教师的后顾之忧，让他们能安心教书育人。

例 4　他独自一人，无牵无挂，四海为家，去哪里都没有后顾之忧。

例 5　种种后顾之忧使我的丈夫无法全身心投入工作。

例 6　我们要保证产品的质量，为消费者解除后顾之忧。

6 接二连三 jiē'èr-liánsān

语　　义：一个接着一个，形容接连不断。

语用提示：一般指类似的事情或事物一个接一个不断出现。

例 1　接二连三的天灾，逼得老百姓没法儿活下去了。

例 2　不幸的是，正当他要把更多的诗奉献给他所爱的人们时，病痛却接二连三地降临到他身上。

例 3　接二连三的沉重打击使她变得心灰意冷。

例 4　更令人开心的是，他还接二连三地接到了在比利时、日本、伊朗举办的国际漫画展的入选通知。

7 七嘴八舌 qīzuǐ-bāshé

语　　义：你一言，我一语，议论纷纷。形容众人纷纷发表自己的意见，人多语杂。

语用提示：一般是人们对话题感兴趣，才会使众人七嘴八舌地发表意见。

例 1　在谈到要为这个活动起个响亮的名称时，大家七嘴八舌地议论起来。

例 2　三楼活动室里，老人们正在排练节目。他们听说我是记者后，便七嘴八舌地夸起这家老年医院来。

例 3　孩子们七嘴八舌地谈着自己春游的感受。

例 4　大家七嘴八舌，争论不休，意见一时还难以统一。

例 5　人们七嘴八舌地向他报告了情况，让他一时有些糊涂。

8 三番五次 sānfān-wǔcì（三番两次、五次三番）

语　　义：多次，屡次。番，回、次。

语用提示：指多次做同样的事情。

例 1　他们三番五次地修改歌词，终于改出了令每个人都满意的版本。

例 2　广东的一些学校三番五次地来信，想聘他去广东工作，提出了高薪、解决户口、妻子随同调动等优厚条件。

例 3　几个月来，癫痫病三番五次地发作，但老人因怕花钱，硬撑着不去住院。

例 4　为了让自己的公司学到先进的技术，他三番五次地派遣技术人员、经销人员和技术工人到国外参加考察和培训。

9 似是而非 sìshì-érfēi

语　　义：好像是对的，实际上不对。是，对、正确。非，不对。

语用提示：也指好像是，而实际上不是。

例 1　这里至少有 200 家早餐店在热热闹闹地卖着似是而非的“狗不理包子”。

例 2　不知从什么时候起，人们形成一种似是而非的看法：凡艺术家必是长发长须、蓬头垢面，穿一身邋遢的牛仔装。

例 3　值得注意的是，有一种似是而非的观点认为，历史距今愈近愈有教育意义，愈远则价值愈低。

例 4　这道选择题很难，有多个似是而非的选项。

例 5　这些道理似是而非，根本经不起推敲。

10 雪上加霜 xuěshàng-jiāshuāng

语　　义：比喻接连遭受灾难。加，增加。

语用提示：指在不好的情况下又遭受损失或打击，使受害程度加深。

例 1　国际油价飙升让世界航空业的经营状况雪上加霜。

例 2　连续的暴雨对于本已严重受灾的德昌县来说，无异于雪上加霜。

例 3　这里 70%的汽车停车时都占用机动车道或人行道，使拥挤的交通雪上加霜。

例 4　去年棉价再次上涨，对棉纺业无疑是雪上加霜。

例 5　巨额的治疗费用对于患者家庭来说，无疑是雪上加霜。

11 应接不暇 yìngjiē-bùxiá

语　　义：原指景物繁多，看不过来；后形容来人或事情太多，接待、应付不过来。应，应付。暇，空闲。

语用提示：指面对的人或事多得超出了能力范围。

例 1　目前，咨询服务电话每天从早到晚铃声不断，使服务人员应接不暇。

例 2　这起伤亡人数众多的重大事故使救护车一时应接不暇。

例 3　无休止的采访、拍照、摄像，渐渐使她感到应接不暇、招架不住。

例 4　生活在城市里的儿童也不轻松，书画班、钢琴班、体操班等课外兴趣班令他们应接不暇。

例 5　走进这栋别墅，竟让人有一种应接不暇之感。活动房、烘焙室、电影院，一应俱全。

12 子虚乌有 zǐxū-wūyǒu

原　　文

相如以“子虚”，虚言也，为楚称；“乌有先生”者，乌有此事也，为齐难；“无是公”者，无是人也，明天子之义。故空藉此三人为辞，以推天子诸侯之苑囿（yòu）。

（节选自《史记 · 司马相如列传》）

参考译文

司马相如在赋里安排了“子虚”这样一个人物，“子虚”就是虚设的意思，让他来称说楚国的壮美；同样，“乌有先生”的意思就是没有此事，让他来夸耀齐国、责难楚国；“无是公”的意思是没有这个人，让他来阐明做天子的道理。凭空假借这三个人的对话，来夸耀天子和诸侯的游玩、打猎活动。

（马燕华　译）

语　　义：指虚构的、不真实的人或事物。子虚、乌有，均是司马相如《子虚赋》中虚构的人物名字。

语用提示：表达说话者完全否定的态度。用于贬义。

例 1　此书内容严重失实，叙述的很多情况纯属子虚乌有。

例 2　最近冒出的两家出版社均为子虚乌有，它们的产品当然也是假的。

例 3　现已查明，他所谓的“巨额投资”纯属子虚乌有。

例 4　有些问题，虽然是子虚乌有的，但是可以给我们敲响警钟。

例 5　这封来信，再次证实了这条消息并非子虚乌有，而是确有其事。

练　　习

一 使用本课成语填空

1. 妈妈＿＿＿＿＿＿＿＿打电话要看我女朋友的照片。
2. 爸爸妈妈对我说，在中国要好好学习，家里的经济条件完全可以保障我的留学费用，不要有＿＿＿＿＿＿＿＿。
3. 说到自己最喜欢吃的中国菜，同学们＿＿＿＿＿＿＿＿地议论开了。
4. 这里手机信号不好，打电话时，声音＿＿＿＿＿＿＿＿的。
5. 这所名牌大学的毕业生每年都＿＿＿＿＿＿＿＿。

6. 由于技术落后，这家曾经全球最大的胶片公司如今＿＿＿＿＿＿＿＿，快要倒闭了。
7. 这雨＿＿＿＿＿＿＿＿地下，也不知道什么时候会完全停下来。
8. 找工作时，多家公司的面试使她＿＿＿＿＿＿＿＿。
9. 他没通过 HSK 六级，这学期的两门课又没及格，真是＿＿＿＿＿＿＿＿。
10. 他最近钱有点儿不够花了，偏偏昨天钱包又被偷了，真是＿＿＿＿＿＿＿＿。
11. 他＿＿＿＿＿＿＿＿学了二十年英语，但口头交际能力仍然很差。
12. 公司的新产品投放市场后，卖得很不错。最近几天不断有人打电话要订货，各部门员工＿＿＿＿＿＿＿＿。
13. 同学们都说她爷爷是公司的董事长，结果证明纯属＿＿＿＿＿＿＿＿。
14. 有人说，来中国学习汉语并不重要，重要的是要结交朋友，我不同意这种＿＿＿＿＿＿＿＿的看法。
15. 这家公司＿＿＿＿＿＿＿＿地来推销他们的产品。
16. 在当今经济全球化的形势下，不与国外接触、＿＿＿＿＿＿＿＿的公司一定会被世界经济抛弃。

二 使用本课成语改写句子

1. 她爸爸的公司倒闭了，妈妈急病了，男朋友也和她分手了。她现在是处处受打击，处于最困难的时期。

   改写为：＿＿＿＿＿＿＿＿＿＿＿＿＿＿＿＿＿＿＿＿＿＿＿＿

2. 这个专业的大学毕业生就业率很高，很多公司都来招聘毕业生。但因为毕业生人数少，总是招不到。

   改写为：＿＿＿＿＿＿＿＿＿＿＿＿＿＿＿＿＿＿＿＿＿＿＿＿

3. 不跟外界联系，不跟别人交往，只能让自己越来越孤独苦闷。

改写为：________________________________

4. 我照顾好家庭，你就可以一心工作，不用老担心家里的事了。

改写为：________________________________

5. 我这几天感冒，皮肤还过敏了，真是难受死了！

改写为：________________________________

6. 他经常说一些听起来对，但实际上不对的观点。

改写为：________________________________

7. 大家都说她的男朋友是“富二代”，但其实这是百分之百的假消息。

改写为：________________________________

第七课 得心应手

成语小知识

成语语义特点（3）：义项使用不均衡

有些成语含有若干条相互关联的语义，这些义项使用并不均衡，使用频率高的一般是常用义，人们比较熟悉。我们学习成语，首先要学习、掌握成语的常用义，同时也要注意非常用义。如“乱七八糟”有以下义项：

a. 凌乱，未加整理

书架上乱七八糟的，找一本书要找半天。

b. 不规范

街边小店的招牌乱七八糟，大的大，小的小，高的高，低的低。

c. 不正式

在飞机上净吃些乱七八糟的东西，那不能算是吃饭。

d. 不健康

孩子的思想已被一些乱七八糟的东西影响了。

e. 非传统

妈妈从来不穿乱七八糟的衣服。

这几个义项相互关联，其中“凌乱，未加整理”是“乱七八糟”的常用义。

本课学习的成语

1	得心应手 ※	déxīn-yìngshǒu	4	刻不容缓	kèbùrónghuǎn
2	耳熟能详	ěrshú-néngxiáng	5	乱七八糟	luànqībāzāo
3	发扬光大	fāyáng-guāngdà	6	名副其实	míngfùqíshí

7	迫在眉睫	pòzàiméijié	10	一如既往	yìrú-jìwǎng
8	微不足道	wēibùzúdào	11	叹为观止 ※	tànwéiguānzhǐ
9	喜出望外	xǐchūwàngwài	12	问津 ※	wènjīn

1 得心应手 déxīn-yìngshǒu

原　文

桓公读书于堂上，轮扁斫（zhuó）轮于堂下，释椎凿而上，问桓公曰："敢问，公之所读者，何言邪？"公曰："圣人之言也。"曰："圣人在乎？"公曰："已死矣。"曰："然则君之所读者，古人之糟魄已夫！"桓公曰："寡人读书，轮人安得议乎！有说则可，无说则死。"轮扁曰："臣也以臣之事观之。斫轮，徐则甘而不固，疾则苦而不入，不徐不疾，得之于手而应于心，口不能言，有数存焉于其间。臣不能以喻臣之子，臣之子亦不能受之于臣，是以行年七十而老斫轮。古之人与其不可传也死矣，然则君之所读者，古人之糟魄已夫！"

（节选自《庄子·外篇·天道》）

参考译文

齐桓公在堂上读书，轮扁在堂下砍制车轮。轮扁放下锤子和凿子等工具走到堂上来，问桓公："我想冒昧地问一下儿，您读的书是说什么的呀？"桓公说："是圣人说的话。"轮扁问："圣人还在世吗？"桓公说："圣人已经死了。"轮扁说："那么您读的书，不过是古人的糟粕罢了！"桓公说："我读书，你一个做车轮的匠人怎么可以议论！如果你能说出个道理，那么就算了；如果说不出来，立刻处死。"轮扁说："我是从我从事的工作的角度来评论您读书这件事的。我做车轮的时候，榫眼儿太宽，就容易滑动而不牢固；榫眼儿过紧，就会紧涩而难以进入；不宽不紧，手里做的才能和心中想的相呼应。有些感觉说不出来，但技艺已经存在于制作的过程中了。这些技艺我无法明确地告诉我儿子，我儿子也无法继承我这些做车轮的技艺感觉，所以我都七十岁了，还在做车轮。古人和他们那些无法传下来的经验、感觉都不存在了，那么您所读的书，不过就是古人的糟粕罢了！”

（马燕华　译）

语　　义：心里怎么想的，手就怎么做，形容运用自如。得，得到。应，呼应。

语用提示：一般指某种技艺十分熟练。用于褒义。

例 1　银行柜台内，营业员办理各种业务得心应手，使用户感到方便、可靠。

例 2　她颇为得意地说，现在女儿操作电脑得心应手，她也在跟着学。

例 3　他在单位尝到了用电脑写作的甜头后，回到家里用起笔来感到不再那么得心应手了。

例 4　学习一门语言，只有学透了，才能得心应手地运用。

例 5　他又回到了自己熟悉的金融领域，工作起来得心应手。

2　耳熟能详 ěrshú-néngxiáng

语　　义：听的次数多了，熟悉了，能够详尽地说出来。耳，听。熟，熟悉。详，详细地说出。

语用提示：对事物十分熟悉。

例 1　《三国演义》中的三顾茅庐、草船借箭等，都是中国人耳熟能详的故事。

例 2　巴西艺人还用中文演唱了中国观众耳熟能详的《茉莉花》等歌曲。

例 3　已有四十多年历史的“阿宗面线”，是台湾士林夜市里食客最耳熟能详的小吃店之一。如今，它的招牌出现在了上海街头。

例 4　如今，上千条胡同儿已经消失，许多“老北京”耳熟能详的胡同儿都已成为人们记忆中的名字了。

例 5　可口可乐、西门子、IBM，这些中国老百姓耳熟能详的“洋品牌”，今天已经深入到他们的生活中了。

3 发扬光大 fāyáng-guāngdà

语　　义：发展提倡，使日益显著盛大。发扬，发展和提倡。光大，使显著盛大。

语用提示：发扬光大的事物为正面事物。用于褒义。

例 1　尊老是中华民族的优良传统，这一传统在今天更应该得到发扬光大。

例 2　希望社会各界继续关心教育、关心教师，发扬光大尊师重教的优良传统。

例 3　历史悠久的民族传统体育项目，如叼羊、赛马、摔跤等，得到了发扬光大。

例 4　他相信，第二代企业家完全能够把吃苦耐劳这一传统发扬光大。

例 5　发扬光大乐于助人的精神，仍然为我们这个时代所必需。

4 刻不容缓 kèbùrónghuǎn

语　　义：片刻也不能拖延，形容情势紧迫。刻，片刻、极短的时间。缓，推迟、拖延。

语用提示：一般指必须马上采取措施处理的事情。

例 1　自来水出现腥味，说明治理水污染已经刻不容缓。

例 2　改善贫困地区落后的办学条件已迫在眉睫，刻不容缓。

例 3　目前要办的事实在太多，又都刻不容缓。扶贫、助学、修路等，样样都得花钱。

例 4　消除贫困，是发展中国家刻不容缓的任务。

例 5　病毒传播很快，隔离病人刻不容缓。

5 乱七八糟 luànqībāzāo

语　　义：形容十分杂乱，毫无秩序或条理的样子。也指不规范、不统一、不健康、非传统。

语用提示：用于贬义。口语色彩较浓。

例 1　书架乱七八糟的，找一本需要的书得花上大半天，当然会导致工作效率降低。

例 2 有些城市的市容环境很差，到处是乱七八糟的商店、地摊，拥挤不堪。

例 3 这么多事情，弄得我脑子里乱七八糟的。

例 4 他的书桌上永远乱七八糟，奇怪的是他随时可以找到他想要的东西。

例 5 今天陪朋友逛街，乱七八糟地吃了不少东西，觉得还是没吃饱。

6 名副其实 míngfùqíshí（名符其实）

语　　义：名称或名声与实际情况相符合。副，符合。

语用提示：一般用于褒义。

例 1 这种笔尖下水顺畅，成了名副其实的“自来水笔”。

例 2 我们慕名来到这家饭馆，品尝了几道菜后，都不禁夸这家饭馆名副其实。

例 3 很多人认为，哈佛商学院是名副其实的商学院领头羊。

例 4 离开父母独立生活时，才会真正拥有独立意识，摆脱“低能”困境，成为名副其实的成年人。

例 5 由于渭河等支流汇入，黄河水量增大，含沙量剧增，河水变得十分浑浊，成了名副其实的“黄河”。

7 迫在眉睫 pòzàiméijié

语　　义：比喻事情临近眼前，十分紧迫。迫，接近。眉，眉毛。睫，睫毛。

语用提示：多指事情还未发生，但很快就要发生。

例 1 治理沙漠、遏制土地沙漠化已成为一件迫在眉睫的大事。

例 2 提升贫困地区的教育水平、提高全民文化水准已迫在眉睫，刻不容缓。

例 3 第 55 届世界乒乓球锦标赛迫在眉睫，中国乒乓球队目前已进入冲刺性训练阶段。

例 4　为了人类的明天，加强保护野生动物已迫在眉睫。

例 5　我国的生物工程研究刚刚起步，后续问题还不是迫在眉睫的事。

8 微不足道 wēibùzúdào

语　　义：非常渺小，不值得一说。足，值得。道，说。

语用提示：常用于自谦。

例 1　太阳系在宇宙中也不过占了一个微不足道的角落。

例 2　在正常情况下，核电站的放射性影响是微不足道的。据测试，火电站煤渣中所含的放射性物质对环境的污染要比核电站大得多。

例 3　我知道这些钱太少，太微不足道，但是请不要拒绝！

例 4　在这一事业中，我是不可缺少的；但在祖国的伟大科学事业中，我又是微不足道的。

例 5　这些奖金与他们几十年来为国家做出的贡献相比，微不足道，就是再多给一点儿，人民群众也没意见。

9 喜出望外 xǐchūwàngwài

语　　义：遇到事先没有想到的喜事而特别高兴。望外，希望或意料之外。

语用提示：用于发生了令人非常高兴的事情时。

例 1　没想到找工作这么顺利，她喜出望外。

例 2　亲人意外相见，真是令人喜出望外。

例 3　在这届奥运会中竟能拿到两块金牌，她喜出望外。

例 4　天才奇女张爱玲的出现，使当时的上海文坛喜出望外。

例 5　二十年过去了，当这位老人再次来这所小学捐款时，学校发生的变化令他喜出望外。

10 一如既往 yìrú-jìwǎng

语　　义：跟过去完全一样。一，表示整个、完全。既往，以往、过去。

语用提示：较长时间内对一件事情的态度、做法没有改变。一般用于褒义。

例 1　他希望老一辈科学家和教育家能一如既往地指导、扶植年轻一代。

例 2　中央有关部门和各省市要一如既往地在人才、技术、资金等方面支持西部建设。

例 3　虽然取得了很好的成绩，但她还是一如既往地刻苦努力。

例 4　一些大公司，诸如可口可乐、麦当劳等，都一如既往地对世界杯足球赛表现出极大的热情，并乐于慷慨解囊，鼎力相助。

11 叹为观止 tànwéiguānzhǐ

原　　文

吴公子札来聘，……请观于周乐。……见舞《韶箾（xiāo）》者，曰："德至矣哉，大矣！如天之无不帱（dào）也，如地之无不载也。虽甚盛德，其蔑以加于此矣，观止矣。若有他乐，吾不敢请已。"

（节选自《左传·襄公二十九年》）

参考译文

吴国公子季札前来鲁国聘问，……请求观赏周朝的音乐舞蹈。……看到跳《韶箾》舞，说："德行到达顶点了，真伟大啊！就像上天无所不覆盖，像大地无所不承载。即便是再高的德行，也没办法在此之上增加什么了。观赏到此为止吧！如果还有其他乐舞，我也不敢再请求观赏了。"

（马燕华　译）

语　　义：感叹、赞美看到的事物好到极点。

语用提示：有时感叹的对象是负面事物。

例 1　她炉火纯青的翻译水平让几乎所有来访的英语国家的客人叹为观止。

例 2　在地球高纬度地区出现的极光现象，以其神奇之美让无数人叹为观止。

例 3 欧盟每年有多达百万页的文件需要译成多种语言，工作量之大令人叹为观止。

例 4 桂林山水的秀美让人叹为观止。

例 5 他把人撞倒后，反倒说被撞倒的人不看路，真是让人“叹为观止”！

12 问津 wènjīn

原　文

长沮（jū）、桀溺（Jiénì）耦而耕，孔子过之，使子路问津焉。长沮曰：“夫执舆者为谁？”子路曰：“为孔丘。”曰：“是鲁孔丘与？”曰：“是也。”曰：“是知津矣。”

（节选自《论语·微子篇》）

参考译文

长沮、桀溺二人一起耕地，孔子路过此地，派子路去打听渡口在哪儿。长沮问子路：“那个驾车的人是谁？”子路说：“是孔丘。”长沮问：“是鲁国的孔丘吗？”子路说：“是。”长沮说：“孔丘是知道渡口在哪儿的。”

（马燕华　译）

语　　义：探询渡口。比喻探问情况等。津，渡口。

语用提示：多用比喻义。几乎不用肯定形式，多用否定格式“无人问津”。

例 1 一向无人问津的“老头儿衫”，印上几个字或明星头像，就立即成了市场上的抢手货。

例 2 那些过去无人问津的沙滩，如今竟变成了农民致富的宝地。

例 3 事实上，这类书籍往往被束之高阁，无人问津。

例 4 当时，一只 BP 机价格不贵，却极少有人问津，因为人们不相信那玩意儿能传递信息。

例 5 西沟的苹果已经降到了 9 毛钱一公斤，仍然很少有人问津。

练 习

一 使用本课成语填空

1. 美国著名篮球运动员乔丹投球投得________________。
2. 我们要________________尊师重教的传统美德。
3. 这款手机的新型号上市后，旧型号几乎无人________________了。
4. 你别客气，我的这些帮助________________。
5. 地震发生后，救人是________________的大事。
6. 有的成语你听得多了，________________了，也就会用了。
7. 他在中国工作了三十多年，很了解中国，是________________的“中国通”。
8. 6 月初就要答辩了，撰写毕业论文________________。
9. 我以为这次的 HSK 没考好，没想到居然通过了！真让人____________！
10. 奥运会开幕式气势磅礴，让人________________。
11. 他在飞机上净吃些________________的东西。
12. 受全球经济不景气影响，我家的经济状况最近也不太好，但是爸爸妈妈________________地支持我在中国留学。
13. 非智能手机现在已经很少有人________________了。
14. 这位医生在给病人做手术时，即使是通过电脑操纵手术刀也__________。
15. 当大地震发生时，人的力量显得________________。

二 使用本课成语改写句子

1. 这位书法家写汉字的时候，想写成什么样，就能写成什么样，怎么写都很好看。

   改写为：____

2. 这套西装太贵了，很长时间都没有人买。

   改写为：____

3. 这片住宅区的楼房，每一幢都非常豪华、漂亮，真是好看到了极点。

改写为：______________________________

4. 他的钱包被偷了，里面不仅有现金，还有银行卡、护照，必须马上报警，片刻也不能拖延。

改写为：______________________________

5. 找工作是我现在最紧迫的事。

改写为：______________________________

6. 我居然被这家大公司录取了，这是我事先没有想到的大喜事，真高兴！

改写为：______________________________

7. 奔驰、宝马、奥迪，这些德国汽车品牌人们非常熟悉。

改写为：______________________________

8. 这家公司二十年来每年都资助一百名贫困家庭的孩子上大学，从未间断过。

改写为：______________________________

第八课　破釜沉舟

成语小知识

成语语义特点（4）：词义古今有差异

成语历史悠久，成语中的许多词古今意义有差异，不能按现代汉语的词义来理解。如："层出不穷"的"穷"，意思是"尽、完"；"学而不厌"的"厌"，意思是"满足"；"各行其是"的"是"，意思是"正确的"；"亡羊补牢"的"亡"，意思是"丢失"，"牢"指羊圈。

本课学习的成语

1	破釜沉舟 ※	pòfǔ-chénzhōu	7	莫名其妙	mòmíngqímiào
2	不由分说	bùyóufēnshuō	8	岂有此理	qǐyǒucǐlǐ
3	不足为奇	bùzúwéiqí	9	恰如其分	qiàrú-qífèn
4	得不偿失	débùchángshī	10	网开一面	wǎngkāiyímiàn
5	对症下药	duìzhèng-xiàyào	11	无可奈何	wúkěnàihé
6	画龙点睛	huàlóng-diǎnjīng	12	毛遂自荐 ※	máosuì-zìjiàn

1 破釜沉舟 pòfǔ-chénzhōu

原　文

项羽乃悉引兵渡河，皆沉船，破釜（fǔ）甑（zèng），烧庐舍，持三日粮，以示士卒必死，无一还心。

（节选自《史记·项羽本纪》）

参考译文

项羽于是率领全体士兵渡河。过河后，项羽命令把船只全部沉入水中，砸碎做饭用的大锅等炊具，烧毁帐篷，只带够吃三天的粮食，用这种方式来向士兵们表示只有前进、绝不能后退的决心。

（马燕华　译）

语　　义：把锅都打破，船都弄沉。比喻不留退路，下定决心，不顾一切拼到底。破，打破。釜，饭锅。沉，沉下。舟，船。

语用提示：用于形容冒着彻底失败的风险、下决心做一件事。

例 1　那家电脑公司的老板解散了自己的公司，破釜沉舟地彻底加盟了联想公司。

例 2　新厂长决定拿土地做抵押，争取贷款，此可谓破釜沉舟之举。

例 3　我破釜沉舟地决定，把 1000 万美元全部投入这个项目。

例 4　离开之前，她把文稿、信件、照片等物品通通烧毁，破釜沉舟，对今后可能发生的事情，做了充分的思想准备。

例 5　他按事先计划好的破釜沉舟的方式，干脆利落地办理了所有行前事宜，把自己的房子也卖了。

2 不由分说 bùyóufēnshuō

语　　义：由不得分辩解释。不由，由不得、不允许。分说，分辩、解释、说明。

语用提示：形容动作实施者带有强迫性的、不可商量的态度，强行采取某种行动。

例 1　病魔的肆虐使她再也无法坚持正常工作，村干部和家里人不由分说地把她送去了医院。

例 2　摩托车厂的合作伙伴看到已无利可图，便拉下脸来，不管三七二十一，不由分说单方面撕毁了合同。

例 3　发现病人还想拖延治疗，李大夫不由分说地定下了下次让他看病的日期。

例 4　在商场，顾客刚试着摸摸衣料，便有人不由分说地为他们取衣，鼓励他们去试穿。

例 5　客人看天色晚了，本想离开，但奶奶不由分说地留他们在家里过了夜。

3 不足为奇 bùzúwéiqí

语　　义：不值得奇怪。足，值得。

语用提示：一般指说话者认为某事物或现象很平常，但实际上不平常。

例 1 一双明星穿过的鞋子被拍卖到天价，这种现象近年来已不足为奇。

例 2 在一些边远山区，人们几年看不到电影也不足为奇。

例 3 交几千万元税的厂家，在这里是不足为奇的。

例 4 如果在饮食上不加以控制，日后成为肥胖者不足为奇。

例 5 他一向在饮食上不加控制，现在有胃病不足为奇。

4 得不偿失 débùchángshī

语　　义：得到的抵不上失去的。偿，抵得上、补偿。失，失去。

语用提示：注意分析得到得多还是失去得多。

例 1 每获得一公斤黄金，得消耗一亿吨以上的海水，这从商业角度看得不偿失。

例 2 游客是来了不少，但许多树木被毁，草地被践踏，垃圾满地，反而得不偿失。

例 3 在激烈的餐饮市场竞争中，为多赚一瓶啤酒钱而失掉回头客得不偿失。

例 4 适当的脸部淡妆，会使男士看起来更精神；浓妆则会有损气质，得不偿失。

5 对症下药 duìzhèng-xiàyào

语　　义：医生针对病情用药。比喻针对具体情况决定解决问题的办法。对，针对。症，病情。下，用。

语用提示：用于褒义。

例 1 由于难以对症下药，这种怪病至今仍未得到控制，并开始向邻近地区蔓延。

例 2　治疗病人，若对症下药，病就会治好；若不对症下药，则治不好。

例 3　教师要根据学生的个体心理特点，找出影响其学习成绩的心理原因，然后对症下药地给予帮助。

例 4　只有抓住每个部门存在的特殊问题，分类指导，才能对症下药，获得实效。

例 5　这次足球队抓队员体能问题，看来确实是对症下药了，队员们的体力有了明显提高。

6 画龙点睛 huàlóng-diǎnjīng

语　　义：画好了龙，用笔点上眼睛。比喻作文或说话时在关键地方加上精辟的语句，使内容更加生动传神。点，用笔点上。

语用提示：指事物中最精彩、笔墨较少的内容。使用此成语时，一般应同时出现事物整体与它最精彩的部分。用于褒义。

例 1　新闻标题是新闻内容的高度集中和概括，写得好，可以起到画龙点睛的作用。

例 2　城市雕塑是受制约、受限制最多的一门艺术，却在城市环境中起着画龙点睛的作用。

例 3　他的这首歌在晚会中起到了画龙点睛的作用。

例 4　她不仅钢琴弹得好，还能对学生演唱的作品给予画龙点睛的指导。

例 5　广大球迷在欣赏激烈球赛的同时，还能及时听到体育名将画龙点睛、恰到好处的点评，受益匪浅。

7 莫名其妙 mòmíngqímiào

语　　义：没有谁能说明它的奥妙（道理）。莫，没有谁。名，说出。妙，奥妙。

语用提示：表示事情很奇怪，令人不明白。用于贬义。

例 1　办这种卡要交一些莫名其妙的费用，我担心上当受骗，就先不办了。

例 2　不知道为什么，我莫名其妙地被选上去参加那个比赛。

例 3 他被莫名其妙地卷入了一场官司。

例 4 她的确是个莫名其妙的女人，我完全不明白她在想什么。

例 5 他们结束了这场莫名其妙的谈话。

8 岂有此理 qǐyǒucǐlǐ

语　　义：哪有这样的道理。岂，相当于“哪、怎么”，表示比较强烈的反问语气。

语用提示：对不合理的事情表示气愤，含有明显的责备语气，责备的事情违背一般事理。

例 1 你看，儿子竟然教训起我来了，岂有此理！

例 2 你自己不努力，还破坏别人的业绩，真是岂有此理！

例 3 帮他做了事，他不领情，反倒说我靠不住，真是岂有此理！

例 4 一条河鳗比一条金项链还贵，岂有此理！

例 5 这个男人真是岂有此理！怎么叫女人拉车，自己却只提了两只分量不大的布包在后面慢慢散步！

9 恰如其分 qiàrú-qífèn

语　　义：办事或说话正合分寸。恰，正好。分，分寸、合适的界限。

语用提示：用于褒义。

例 1 此地檀香树多极了，郁郁葱葱，檀香山这个名字起得恰如其分。

例 2 恰如其分才是美，一过分就变成做作了，令人生厌。

例 3 这家公司的总经理说，有了好的产品，再恰如其分地运用广告手段进行宣传，就能占领市场。

例 4 各款精美家具恰如其分地镶嵌在这套独特的房子里，客厅、卧室、卫生间、儿童房等被装饰得美轮美奂。

例 5 广告公司应根据企业提供的情况，做出合理的、恰如其分的宣传，即可以对产品做 100% 的宣传，但绝不可以做 200% 的宣传。

10 网开一面 wǎngkāiyímiàn

语　　义：把捕禽兽的网打开一面。比喻用宽大的态度来对待，又泛指开恩而使人得到解脱。开，打开。

语用提示：网开一面的对象一般是负面形象。

例 1　不论什么人、什么单位造假，都应该受到严肃处理，不能有严有松，时不时网开一面。

例 2　他性格狂傲，得理不饶人，却唯独对这位李先生“网开一面”，以礼相待。

例 3　他是个好法官，曾经有个经济案犯的家属提着礼物，求他网开一面，他当场严词拒绝了。

例 4　法律面前人人平等，有贡献的人犯了罪，也不能网开一面。

例 5　银行对产品销路好而流动资金不足的企业“网开一面”，给予重点支持。

11 无可奈何 wúkěnàihé

语　　义：没有办法（可想），没有办法去做什么。奈何，怎么办。

语用提示：无法改变已经发生的事情或目前的状况。

例 1　我遇到的朋友，谈起职工食堂，多是无可奈何地摇摇头。

例 2　车子在高速公路上出了故障，急得他满头大汗，却又无可奈何。

例 3　从出版社的角度考虑，书价的不断上涨，实在是无可奈何的事。

例 4　由于急需资金，他只好无可奈何地在合同上签了字。

例 5　这次面试又没通过，她很委屈，但又无可奈何，只能接受现实。

12 毛遂自荐 máosuì-zìjiàn

原　　文

秦之围邯郸（Hándān），赵使平原君求救，合从于楚，约与食客门下有勇力文武备具者二十人偕。……得十九人，余无可取者，无以满二十人。门下有毛遂者，前，自赞于平原君曰："遂闻君将合从于楚，约与食客门下二十人偕，不外索。今少一人，愿君即以遂备员而行矣。"

（节选自《史记·平原君虞卿列传》）

参考译文

秦国军队包围了邯郸，赵国派平原君出去请求救援，与楚国建立联盟。平原君准备从门客中挑选二十个有胆量、有力气、文武才能兼备的人共同前往。……结果只挑选出了十九人，其余的人里面再也挑选不出来了，无法凑足二十人。这时候，他的门客毛遂走上前向他自我推荐说："我听说您将与楚国联盟，准备召集门下宾客二十人一起去，不再向外面找人。现在还差一个人，希望您把我添在里面，人数一够就可以出发了。"

（马燕华　译）

语　　义：毛遂自己推荐自己。比喻自己主动推荐自己承担某事。毛遂，人名。荐，推荐。

语用提示：一般是主动要求承担艰苦的工作，希望被任用。用于褒义。

例 1　中国科学院今天宣布，现年 49 岁的徐某毛遂自荐，经考核、评审后，被聘为地球物理研究所所长。

例 2　他毛遂自荐当机电公司的经理，一年为公司赚了两千多万元。

例 3　按瑞典文学院的规定，诺贝尔文学奖候选人，作家本人不得毛遂自荐，且候选人仅限于在世或提名时未去世的作家。

例 4　1976 年，他毛遂自荐到云阳山区教书。

例 5　如果你们找不到合适的人当总经理，我就毛遂自荐了。

练　习

一　使用本课成语填空

1. 上课时，他突然笑了起来，大家感到________________。

2. 我觉得老师对他的评价________________。

3. 他父母________，把房屋、公司都卖了，全家迁往加拿大重新创业。
4. 由于他醉酒驾车，警察________地把他带回了交警队。
5. 这个汉语辅导班能________地为每个留学生制订学习计划，帮助他们提高汉语水平。
6. 他家很有钱，开好车________。
7. 好的作文结尾处常常有________之笔。
8. 虽然他爸爸妈妈很支持他继续读研究生，但是他想工作，不想再读书了，他爸爸妈妈也________。
9. 他________去竞选学生会主席。
10. 你每天晚上都学习到两三点才睡觉，早上常常因为起不来而缺课，我觉得你这种熬夜的办法________。
11. 因为生病了，老师对他________，给了他一次补考的机会。
12. 她________做这次大会的同声翻译。
13. 她经常缺课，很少做练习，也从不复习，考试不及格就________了。
14. 他打工挣钱，非常疲倦，常常旷课，我觉得他这样做________。
15. 妹妹________承担带狗散步的任务。

二 使用本课成语改写句子

1. 他找的这份工作挺不错的，可是他还是不想干，他父母也没有办法。

改写为：________________

2. 爸爸的公司要去非洲开展业务，爸爸主动请求前往，他认为在那里可以很快干出成绩来。

改写为：________________

3. 他拉肚子了，却埋怨朋友请他吃的火锅不卫生，真是太不讲道理了！

改写为：______________________________

4. 这篇文章的结尾寓意深长，是全文最生动、最精彩的部分。

改写为：______________________________

5. 妈妈要针对孩子的具体情况进行教育，这样才能对孩子有所帮助。

改写为：______________________________

6. 这段时间，他每天都在房间做 HSK 模拟试卷，只睡五个小时，餐餐在宿舍吃面包，下定决心一定要通过 HSK 六级。

改写为：______________________________

7. 她已经在中国学了五年汉语，听说明年还要去美国学五年英语。我觉得她虽然学会了两种语言，却在宝贵的十年间毫无成就，很不值得。

改写为：______________________________

8. 老校长是个善良的老人，对犯错误的孩子总是宽大处理。

改写为：______________________________

第九课 画蛇添足

成语小知识

成语语用特点（1）：语用有褒贬

人们运用成语表达鲜明的褒贬感情色彩。褒义指带有褒扬的感情色彩，贬义指带有贬斥的感情色彩。如："培养孩子从小做一些鸡毛蒜皮的家务事，很有好处"中的"鸡毛蒜皮"一般用于表达贬义的感情色彩，在这句话中使用不当，应该用"力所能及"。

"相濡以沫""以身作则""愚公移山"等都是用于表达褒义色彩的成语，"弄虚作假""幸灾乐祸""自私自利"等都是用于表达贬义色彩的成语。

本课学习的成语

1	画蛇添足 ※	huàshé-tiānzú	7	一帆风顺	yìfān-fēngshùn
2	不卑不亢	bùbēi-búkàng	8	朝气蓬勃	zhāoqì-péngbó
3	从容不迫	cóngróng-búpò	9	专心致志	zhuānxīn-zhìzhì
4	大有可为	dàyǒu-kěwéi	10	自强不息	zìqiáng-bùxī
5	废寝忘食	fèiqǐn-wàngshí	11	扶摇直上 ※	fúyáo-zhíshàng
6	门当户对	méndāng-hùduì	12	越俎代庖 ※	yuèzǔ-dàipáo

1 画蛇添足 huàshé-tiānzú

原　文

楚有祠者，赐其舍人卮（zhī）酒。舍人相谓曰："数人饮之不足，一人饮之有余。请画地为蛇，先成者饮酒。”一人蛇先成，引酒且饮之，乃左手持卮，右手画蛇，曰：“吾能为之足。”未成，一人之蛇成，夺其卮曰：“蛇固无足，子安能为之足？”遂饮其酒。为蛇足者，终亡其酒。

（节选自《战国策·齐策二》）

参考译文

楚国有一个主持祭祀的人，赏给他的侍从们一杯酒。这些人商量说：“这杯酒不够我们几个人喝，一个人喝还有剩余。让我们在地上画蛇吧，先画好的喝这杯酒。”有一个人先画好了蛇，拿过酒杯来就要喝，他左手拿着酒杯，右手画着蛇，说：“我能给蛇画上脚。”蛇脚还没画好，另一个人的蛇画好了，夺过酒杯，说：“蛇本来就没有脚，你怎么能给蛇画上脚呢？”于是喝了那杯酒。给蛇画脚的人，最终失去了他应得的酒。

（马燕华　译）

语　　义： 比喻做多余的事，反而不恰当。添，增加。足，脚。

语用提示： 用于贬义。

例 1　他们说孩子们在学校已经学得够多了，再上课外班纯属画蛇添足，多此一举。

例 2　电脑难道还不够聪明？还硬取名“智能电脑”，岂非画蛇添足？

例 3　专家建议修建圆明园遗址应保持原状，遗址就是遗址，不要进行改造，画蛇添足。废墟有废墟的美，学会欣赏遗址，这也是文化素养。

例 4　作品本身就是作者最真实的写照，但是作者的传记也不一定就是画蛇添足。

例 5　这篇小说的结尾纯属画蛇添足。

2 不卑不亢 bùbēi-búkàng

语　　义： 不自卑，也不高傲。形容待人态度得体，分寸恰当。卑，低下、自卑。亢，高傲。

语用提示： 多用来形容处于弱势的人。用于褒义。

例 1 年轻人在领导面前，要做到不卑不亢与落落大方。

例 2 这样聪敏好学、言行谨慎的女孩子实属少有。虽然寄人篱下，却能做到不卑不亢，十分难得。

例 3 一个真正有教养的人，往往落落大方，不卑不亢。

例 4 与人打交道，无论是对下级，还是对上级，她都能够应对自如，不卑不亢，掌握好分寸。

例 5 他们在客人面前总是和颜悦色，彬彬有礼，不卑不亢。

3 从容不迫 cóngróng-búpò

语　　义：形容非常镇静、不慌不忙的样子。从容，不慌不忙。迫，急迫。

语用提示：常用来形容人在危急、忙乱、紧张的情况下不慌不忙。用于褒义。

例 1 对于记者提出的各种问题，她都从容不迫地一一做了回答。

例 2 一般来说，人在进行口语表达时，并不像书面写作时那样从容不迫，有条不紊。口语表达，特别是情急之下的对话，往往都是不假思索、脱口而出的。

例 3 售货员在十分热情地推荐商品，购物者却从容不迫，挑挑拣拣。

例 4 成功者有足够充沛的精力，能从容不迫地应对日常生活和工作压力，而不感到过分紧张。

4 大有可为 dàyǒu-kěwéi

语　　义：事情很值得做，很有发展前途。可，值得。

语用提示：用于褒义。

例 1 农业与科技携手走向市场，前景广阔，大有可为。

例 2 生物农药大有可为。

例 3 花卉业已经成为一项大有可为的新兴产业。

例 4　中国是一个有 14 亿人口的国家，健身、休闲、娱乐市场潜力极大，大有可为。

例 5　这种微型相机，在科研、医疗领域大有可为。

5　废寝忘食 fèiqǐn-wàngshí（废寝忘餐）

语　　义：顾不上睡觉，忘记吃饭，形容非常专心努力。废，停止。寝，睡觉。食，吃饭。

语用提示：一般用于褒义。

例 1　兴趣往往会使人在研究和探索中进入一种乐而忘返、如痴如醉乃至废寝忘食的状态。

例 2　为了早日出成果，他们每天在实验室废寝忘食地工作。

例 3　许多员工加班加点，废寝忘食，甚至带病坚持工作。

例 4　我的工作比较轻松，什么日理万机、废寝忘食，我从来没有过。

例 5　喜欢打麻将的人坐在凳子上后，就不愿再动了，可以说是废寝忘食。

6　门当户对 méndāng-hùduì

语　　义：多指婚姻关系的男女双方家庭的社会地位和经济状况相当。

语用提示：不限于已有或即将有婚姻关系的双方，也可以指具有某种关系的双方情况相当。

例 1　对于这门亲事，两家老人都很满意，一方面是门当户对，另一方面是亲上加亲。

例 2　现在，人们找对象已经不讲门当户对了。只要人好，别的可以不去计较。

例 3　中药研究所对于中医学院药学系的学生来说，可谓门当户对。

例 4　MBA 课程通常由大学或学院举办，一般会寻找跟它们门当户对的大学联合举办，这一类课程比较有品质保障。

7 一帆风顺 yìfān-fēngshùn

语　　义：比喻非常顺利，毫无阻碍或挫折。帆，船帆。

语用提示：用于褒义。

例 1　他从科长、处长到副秘书长，仕途畅通无阻，一帆风顺。

例 2　很多人都觉得他的事业一帆风顺，然而，这一帆风顺是他用超常的努力换来的。

例 3　我们的产品在中国的销售并不是一帆风顺的，也遇到过许多难题。

例 4　生活有风和日丽之日，也有阴雨连绵之时。同样，任何人的一生都不可能一帆风顺，事事如意。

8 朝气蓬勃 zhāoqì-péngbó

语　　义：形容人精神振奋，富有朝气，充满活力。朝，早晨。蓬勃，旺盛。

语用提示：用于褒义。

例 1　你们青年人朝气蓬勃，好像早晨八九点钟的太阳，希望寄托在你们身上。

例 2　读书学习能使人精神振奋，思路开阔，朝气蓬勃，积极向上，处于良好的心理状态。

例 3　她是个精力充沛、朝气蓬勃的女性，除了工作，还打网球，还为一个报纸专栏撰稿。

例 4　村子里家家户户盖上了新房，好一派朝气蓬勃的喜人景象。

9 专心致志 zhuānxīn-zhìzhì

语　　义：一心一意，集中精神。专、致，集中。志，精力、志向。

语用提示：也可以指在比较长的一段时间里集中精神、精力做一件事。

例 1　牛顿学习、工作或思考问题时，注意力特别集中，常常由于专心致志地思考问题而忘了周围的一切。

例 2 大脑只有在持续不断地处理一件事的时候才能更好地发挥作用，所以人在专心致志时，效率最高。

例 3 我看到了新的流水线，看到了整齐的车间，也看到了专心致志工作着的工人。

例 4 人们都希望自己的一生能有所成就，而专心致志做事是必要的条件。

例 5 虽然人们常说做事要专心致志，但是一心二用甚至一心多用的情况也很普遍，像人们锻炼的时候常会听广播。

10 自强不息 zìqiáng-bùxī

语　　义：自己努力向上，永远不懈怠。息，停止。

语用提示：可以用来形容或鼓励弱者。

例 1 我们应当发扬乐观进取和自强不息的精神，做到自尊、自信、自强、自立。

例 2 虽然在战场上失去了一条腿，但他身残志不残，自强不息。

例 3 对于孩子们而言，如果从父母那里一无所取，就只剩下一条路——闯，自强不息地去干。

例 4 他并没有把精力放在为子女铺路上，而是把功夫用在教育他们自强不息上。

例 5 在竞争激烈的市场经济时代，如果没有自强不息、锐意进取的挑战精神，我们就会落伍，甚至被淘汰。

11 扶摇直上 fúyáo-zhíshàng

原　　文

北冥（míng）有鱼，其名为鲲（kūn）。鲲之大，不知其几千里也；化而为鸟，其名为鹏（péng）。鹏之背，不知其几千里也；怒而飞，其翼（yì）若垂天之云。是鸟也，海运则将徙（xǐ）于南冥。南冥者，天池也。

《齐谐（xié）》者，志怪者也。《谐》之言曰："鹏之徙于南冥也，水击三千里，抟（tuán）扶摇而上者九万里，去以六月息者也。"

（节选自《庄子·内篇·逍遥游》）

参考译文

北海有一条叫鲲的鱼。鲲体积巨大，不知道有几千里。它变为鸟，名字叫鹏。鹏的背，不知道有几千里。鹏展翅而飞，翅膀像从天上垂下的云。这只鸟将要在海水翻腾激荡的时候，借势迁徙到南海。南海是一个天然形成的大池。

《齐谐》是一本记录怪异现象的书。书中说："鹏飞往南海时，翅膀拍击水面行至三千里远，而后盘旋环绕着旋风飞上九万里高空，乘着六月的大风飞去。"

（马燕华　译）

语　　义：乘着旋风快速上升。形容地位、名声、价值等迅速往上升。扶摇，盘旋而上。

语用提示：强调上升速度快，势头强劲。用来形容人的地位、职位迅速上升时，含贬义。

例 1　房价如脱线的风筝，扶摇直上！

例 2　重庆一到夏天，气温就扶摇直上。

例 3　该厂的晨光牌燃气灶在上海等二十多个大中城市的销售量扶摇直上，月销售量超万台。

例 4　这种虾的价格由每公斤 30 元一涨再涨，直至 44 元，价格扶摇直上。

例 5　她天资聪慧，加上好胜心极强，一心扑在新闻事业上，业务能力扶摇直上，很快在全国新闻界出了名。

12 越俎代庖 yuèzǔ-dàipáo

原　　文

归休乎君！予无所用天下为。庖人虽不治庖，尸祝不越樽（zūn）俎而代之矣！

（节选自《庄子·内篇·逍遥游》）

参考译文

你请回去吧！天下对我来说毫无用处。厨师虽然不尽职，对神主祷祝的人也不必代替他去烹调。

（马燕华 译）

语 义：比喻超过自己的职务范围，去处理别人所管的事情。越，跨过。俎，盛肉器具。庖，厨师。

语用提示：用于贬义。

例 1 有些家长溺爱孩子，对孩子能干的事情也要越俎代庖，使一些孩子养成了事事依赖家长的习惯。

例 2 有的领导经常越俎代庖，管了一些管不了又管不好的事。

例 3 我只是过来帮忙的，没有越俎代庖的意思。

例 4 国际社会只需要为问题的最终解决起推动和辅助作用就可以了，不能越俎代庖。

例 5 这个工作是她负责的，你怎么越俎代庖起来了？

练 习

一 使用本课成语填空

1. 地震发生时，他__________________地走出了办公室。
2. 现在在中国投资服务行业__________________。
3. 科研人员为了开发研究项目，常常__________________。
4. __________________是一种过去的婚姻观念。
5. 这幅画儿已经很完美了，你就不需要再__________________了。
6. 只有坚持__________________地干一件事，才有可能获得成功。
7. 这部电影很受欢迎，票房__________________。
8. 这是他的事，应该由他解决，你不要__________________。
9. 生物医药是__________________的一种产业。

10. 出身贫寒的孩子，如果勤奋努力，__________，就一定会改变命运。

11. 他总是__________，做什么事都充满干劲儿。

12. 他虽然只有20岁，但是在他身上看不到__________的样子，他总是很忧郁。

13. 许多公司的礼仪小姐在接待客人时，态度__________，大方得体。

14. 你既然不是班长，就不要__________。

15. 自从他担任了联合国大会的同声翻译以后，他的名声在翻译界__________。

二 使用本课成语改写句子

1. 爸爸大学毕业参加工作以来，事业一直很顺利。

改写为：__________

2. 她嫁给那位富豪以后，名气迅速上升。

改写为：__________

3. 普通员工能在董事长面前做到不自卑、也不高傲，很不容易。

改写为：__________

4. 遭遇车祸后，他的身体受到了巨大伤害，但是他仍然努力奋斗，不给家里添麻烦。

改写为：__________

5. 他总喜欢在自己的中文名字后面写上自己的英文名字，我觉得有点儿多余。

改写为：____

6. 每次考试他都不慌不忙。

改写为：____

7. 外国企业家到中国来投资、办企业，是很有发展前途的。

改写为：____

8. 这对恋人双方的父亲都是当地有名的企业家，双方家庭社会地位、经济情况都很合适。

改写为：____

第十课　守株待兔

成语小知识

成语语用特点（2）：汉语母语者有语用条件默认直觉

“语用条件”指成语的使用条件。汉语母语者对成语语用条件有默认直觉，习焉而不察。如：“探头探脑”的语用条件是在狭小的空间或有遮挡物的空间内窥探；“三令五申”的语用条件是命令发出者应是具有发布命令、政策、规定的权力部门，或用于上级对下级、领导对群众；“桃李满天下”的语用条件是“桃李”一般不能指在校学生；“根深蒂固”的语用条件是所修饰的一般是负面事物。

外国人缺乏这种语用条件默认直觉，所以使用成语时需要特别注意语用条件。

本课学习的成语

1	守株待兔 ※	shǒuzhū-dàitù	7	平易近人	píngyì-jìnrén
2	不相上下	bùxiāng-shàngxià	8	潜移默化	qiányí-mòhuà
3	见仁见智	jiànrén-jiànzhì	9	实事求是	shíshì-qiúshì
4	举足轻重	jǔzú-qīngzhòng	10	自食其力	zìshí-qílì
5	力所能及	lìsuǒnéngjí	11	夜郎自大 ※	yèláng-zìdà
6	量力而行	liànglì'érxíng	12	朝三暮四 ※	zhāosān-mùsì

1 守株待兔 shǒuzhū-dàitù

原　文

宋人有耕田者，田中有株，兔走触株，折颈（jǐng）而死。因释其耒（lěi）而守株，冀复得兔。兔不可复得，而身为宋国笑。

（节选自《韩非子·五蠹》）

参考译文

宋国有个农民，他家田中有个树桩，一只兔子跑的时候撞在树桩上，撞断脖子死了。于是农民放下农具，守在树桩旁边，希望再捡到撞死的兔子。他再也没捡到撞死的兔子，自己却被宋国人嘲笑。

（马燕华　译）

语　　义：比喻不主动努力，而存万一的侥幸心理，希望得到意外的收获；也比喻死守狭隘的经验，不知变通。守，守着。株，树桩。

语用提示：也可以形容守住现在的局面，不求进取；或形容死死守住，不离开。一般用于贬义。

例 1　有时北极熊会趴伏在浮冰上守株待兔，一旦海豹从水中探出头来，北极熊便会以迅雷不及掩耳之势跳入水中。

例 2　他们一改过去坐等别人来买自己产品的守株待兔的陋习，从项目开始就盯住市场。

例 3　不能有效地适应市场需要生产高质量的对路产品，而是守株待兔式地等待买家，这样必遭市场的冷遇。

例 4　在充满竞争的现代社会，“酒香不怕巷子深”的守株待兔式的经营办法显然是不行的。

2 不相上下 bùxiāng-shàngxià

语　　义：分不出高低，形容数量、程度差不多。

语用提示：一般是同类的两事物互相比较。

例 1　他们俩年龄不相上下。

例 2　他这一年长大了，腰圆膀粗，身材几乎与他爸爸不相上下。

例 3　双方作战人数不相上下，胜负难定。

例 4　海豚很聪明，它的智力与黑猩猩不相上下。

例 5　有时，同种产品的质量可能不相上下。这样一来，包装往往就会成为消费者选购产品的主要考虑因素。

3 见仁见智 jiànrén-jiànzhì

语　　义：指对同一个问题，各人有各人的看法。见，发现。仁，仁爱。智，智慧。

语用提示：说明同一个问题从不同角度分析，都有一定的道理。

例 1　对于生活中的苦与甜，人们见仁见智。不同世界观、价值观、苦乐观的人，对其有不同的理解。

例 2　人们用各种各样的眼光去看待、议论这部电影，见仁见智，褒贬不一。

例 3　如何评价项羽？这就见仁见智了。不过从《霸王别姬》这出戏中我们可以感受到，项羽是个英雄。

例 4　诗人的稿费和歌手的酬金应该孰高孰低？这似乎是个见仁见智的无解题目。

例 5　对于如何控制物价上涨，人们议论纷纷，见仁见智。

4 举足轻重 jǔzú-qīngzhòng

语　　义：比喻处在关键位置或地位，一举一动都关系全局。举，抬起。足，脚。

语用提示：一般指在一个比较大的局面中处于关键位置。

例 1　农业是国民经济的基础，粮食处于举足轻重的位置。

例 2　无论是西煤东调，还是北粮南运，铁路运输都具有举足轻重的作用。

例 3　旅游娱乐业在当地经济中举足轻重。

例 4 一个成年人每天要吸入十几立方米的空气，空气的洁净清新对人体健康有举足轻重的影响。

例 5 黑龙江省是农业大省，也是粮食重要产地，在全国举足轻重。

5 力所能及 lìsuǒnéngjí

语　　义：自己的能力能够办到的。力，能力。及，达到。

语用提示：含有人的能力不太强或做某事只需要一般能力的意思。

例 1 他出生在一个普通农民家庭中，从小就开始干力所能及的农活儿。

例 2 各地均要求用人单位为残疾人安排力所能及的工作。

例 3 在生活水平日益提高的今天，孩子们还要不要做一些力所能及的体力劳动？

例 4 在一些国家，健身运动的普及率是相当高的，人们经常参加一些力所能及的体育健身活动。

6 量力而行 liànglì'érxíng

语　　义：估计自己的能力或力量去做相应的事。量，估量。力，能力。行，做、办事。

语用提示：常指自己能力有限，不要做超过自己能力的事。

例 1 一个家庭在搬进新居或在旧房改造的过程中，应该根据自己的经济实力，量力而行地选定装修方式，合理安排，细心筹划。

例 2 要根据国家经济建设的情况，量力而行，把有限的人力、物力、财力用到最重要的方面，加强管理，杜绝浪费。

例 3 各地在制订未来十年的发展规划时，一定要量力而行。

例 4 高校招生要量力而行，不得超负荷扩大招生规模。

7 平易近人 píngyì-jìnrén

语　　义：态度谦逊和蔼，使人容易接近；或指文字浅显，容易理解。近人，使人容易接近。

语用提示：一般用来形容地位较高的人。

例 1　此时，我最初见到他的那种距离感已经消失了，觉得他很平易近人。

例 2　总统是一位平易近人的人，是一位务实主义者。

例 3　王妃十分平易近人，人们都喜欢她这一点。

例 4　她不平易近人，也不爱开玩笑，给人一种拒人于千里之外的感觉。

例 5　这本书是面向大众的，通俗易懂，平易近人。

8 潜移默化 qiányí-mòhuà

语　　义：指人的思想、性格受到某种外来影响，不知不觉地起了变化。潜、默，暗中。移，改变。化，变化。

语用提示：一般指受到较长时间的影响。多用于褒义。

例 1　老师的思想境界、道德情操、言行举止，甚至是穿着打扮，无一不在潜移默化地影响着学生。

例 2　她的父亲和祖父都是警察，从小对她有潜移默化的影响。

例 3　家长良好的谈吐对儿童的成长起着潜移默化的熏陶作用。

例 4　一部好的文学作品可以影响一代人，文学艺术的熏陶和潜移默化的力量将使孩子受益终身。

例 5　拥有广大读者群的通俗读物，对人们道德观念、行为准则潜移默化的影响是很大的。

9 实事求是 shíshì-qiúshì

语　　义：原指根据实证，求得正确的结论。后用来指从实际情况出发，不夸大，不缩小，正确对待和处理问题。实，实际。事，情况。求，探求。是，正确。

语用提示：用于褒义。

例 1　实事求是地说，我们的汽车与知名品牌汽车相比尚有差距。

例 2　要用一分为二的观点对学生给予实事求是的评价。

例 3　教师应根据学生的各种表现，实事求是地进行评价，使他们知道自身的优缺点。

例 4　谦虚首先表现为能实事求是地看待自己，有自知之明。

例 5　我们要实事求是地做工作汇报。

10　自食其力 zìshí-qílì

语　　义：凭自己的劳动养活自己。食，吃。

语用提示：一般用来形容经济条件不太好的人。

例 1　他自学了这项技术后，从一个时刻需要被看护的病人，变成了一个自食其力、对社会有用的人。

例 2　他一心想自食其力，不给家里增加负担。

例 3　他觉得做小贩不偷不抢，自食其力，一点儿也不自卑。

例 4　自食其力、不坐享父母劳动成果的孩子一定会有出息的。

例 5　这家店几乎在一年内就从一个尚在怀里吃奶的婴儿变成了一个能自食其力的成人。

11　夜郎自大 yèláng-zìdà

原　　文

滇王与汉使者言曰："汉孰与我大？"及夜郎侯亦然。以道不通故，各自以为一州主，不知汉广大。

（节选自《史记·西南夷列传》）

参考译文

滇王问汉朝使者："汉朝和我们相比，谁的国家大？"连夜郎部族的首领也这样问。因为道路不通，他们各自凭着一个州的面积称王，所以不知道汉朝疆土有多么广大。

（马燕华　译）

语　　义：比喻妄自尊大。夜郎，中国古代的一个小国，在今贵州省。自，自己。

语用提示：用于贬义。

例 1　我们要进步，就不能夜郎自大，闭关自守。

例 2　一个民族跟在别人后头亦步亦趋是没有出息的，当然，夜郎自大也是不会有出路的。

例 3　我们要反对夜郎自大的心态，要借鉴国外的先进管理经验，要总结、吸收世界上成功企业的经验。

例 4　我们不能夜郎自大，要敢于正视自己之短，善于学习他人之长，补自己之短。

例 5　人们慢慢地明白了这样一个道理：推销自己并不是夜郎自大。

12 朝三暮四 zhāosān-mùsì

原　　文

狙（jū）公赋芧（xù），曰：“朝三而暮四。”众狙皆怒。曰：“然则朝四而暮三。”众狙皆悦。

（节选自《庄子·内篇·齐物论》）

参考译文

有个养猴的老头儿在给他养的猴子们分发橡子时说：“早上给三个，晚上给四个。”猴子们听后都很愤怒。老头儿就说：“那么早上给四个，晚上给三个吧。”猴子们听后都高兴了。

（马燕华　译）

语　　义：原比喻聪明人善于使用手段，愚笨的人不善于辨别事情，后来比喻变化不定或反复无常。朝，早上。暮，晚上。

语用提示：用于贬义。

例 1 朝三暮四、喜新厌旧的人不会讨人喜欢。

例 2 最好不与那些朝三暮四、言而无信的单位打交道。

例 3 许多人忙个不停，虽没有闲着，但朝三暮四，只能是虚度年华。

例 4 选择职业切不可朝三暮四，今天干这，明天做那。

例 5 她感情不专一，见一个爱一个，朝三暮四，一年谈了三个男朋友。

练 习

一 使用本课成语填空

1. 公司老板不喜欢那种频繁换工作、对工作________________的人。
2. 成年后不要过分依赖父母，要成为________________的人。
3. 对于这个问题，回答的人由于立场不同，观点也是________________。
4. 他的汉语水平和我________________。
5. 他虽然不是经理，但是他在公司有________________的作用。
6. 第一外语学得好对学习汉语是否有利？对于这一问题大家________________。
7. 我们定计划一定要________________，目标不可定得太高。
8. 孩子在家里也应该做一些________________的家务事。
9. 这位老人是知名数学家，但是他很________________。
10. 这家公司不主动开拓市场，只会________________，没几年就倒闭了。
11. ________________的国家不会进步。
12. 父母的言行对孩子有________________的作用，对他们的成长有重要影响。
13. ________________地评价自己不容易。
14. 他开了一家餐馆，但是很少主动做宣传，只是等着客人来就餐。这种________________式的经营方式必须改变，生意才能红火。
15. “幸福是什么？”这绝对是一个________________的问题。

二 使用本课成语改写句子

1. 他选择专业时，今天想学计算机，明天想学法律，不知道他到底想学什么。

改写为：______________________________

2. 他们俩的汉语水平差不多。

改写为：______________________________

3. 大学毕业后，你最好别再向父母要生活费了，要自己养活自己。

改写为：______________________________

4. 我们公司的老板从来没有出国考察过世界上其他同类公司，有点儿盲目骄傲，总认为自己的产品是最好的。

改写为：______________________________

5. 虽然不是领导，但是他是非常有经验的专家，在公司有很重要的作用。

改写为：______________________________

6. 干什么事最好要考虑到自己的能力，不要把目标定得太高。

改写为：______________________________

7. 对于不吃肉对身体好还是不好，人们的看法不一致。

改写为：______________________________

8. 我父母是英语老师，在他们的影响下，我以后也想当英语老师。

改写为：______________________________

第十一课　揠苗助长

成语小知识

成语语用特点（3）：仿造成语

人们有时为了追求活泼诙谐的表达效果，会套用成语格式，按照表达需要，替换成语中的某个汉字，或变换成语内部顺序，或在成语中加字，形成一种仿造的“成语”。如：“唯酒是图”套用了成语“唯利是图”，“因山制宜”套用了成语“因地制宜”，“供大于求”套用了成语“供不应求”，“亡羊不补牢”套用了成语“亡羊补牢”。

本课学习的成语

1	揠苗助长 ※	yàmiáo-zhùzhǎng	7	屡见不鲜	lǚjiàn-bùxiān
2	格格不入	gégé-búrù	8	理所当然	lǐsuǒdāngrán
3	各行其是	gèxíng-qíshì	9	无所作为	wúsuǒzuòwéi
4	归根结底	guīgēn-jiédǐ	10	眼花缭乱	yǎnhuā-liáoluàn
5	呼风唤雨	hūfēng-huànyǔ	11	门可罗雀 ※	ménkěluóquè
6	鸡毛蒜皮	jīmáo-suànpí	12	望洋兴叹 ※	wàngyáng-xīngtàn

1 揠苗助长 yàmiáo-zhùzhǎng

原　文

宋人有闵（mǐn）其苗之不长而揠之者，芒芒然归，谓其人曰：“今日病矣，予助苗长矣。”其子趋而往视之，苗则槁矣。

（节选自《孟子·公孙丑上》）

参考译文

宋国有个人担心自己家的禾苗长得慢，所以就去把禾苗往上拔高了些。他筋疲力尽地回到家，对家里人说：“今天累死了，我帮助田里的禾苗长高了些。”他儿子赶快跑到田里一看，禾苗都已经干枯了。

（马燕华 译）

语　　义：比喻违反事物发展规律，急于求成，反而把事情搞坏了。助，帮助。

语用提示：用于贬义。

例 1　应试教育增加了孩子的课业负担，这样揠苗助长，不仅违反教育规律，而且有损青少年的身心健康，造成现在许多孩子没有了生活乐趣，对学习产生反感。

例 2　有的教练只强调加大运动员的训练强度和难度，揠苗助长，结果只会“毁苗”。

例 3　竞赛活动，是发现和培养超常人才的一种方式，不宜普遍搞，更不能揠苗助长，到处办竞赛训练班。

例 4　为了让孩子达到理想的学习目标，有的家长不惜揠苗助长。

例 5　孩子们正处在巩固知识与技术的阶段，让他们一年到头奔波于各地参加比赛，是揠苗助长的行为。

2 格格不入 gégé-búrù

语　　义：有抵触，不相投合。格格，互相抵触。入，融入、进入。

语用提示：多指与主流思想、势力相抵触。

例 1　他这个人总是自外于集体，与他人格格不入。

例 2　我刚移居这里时，与这里的人们格格不入。

例 3　她不仅上课非常困难，听不进任何东西，而且与周围的同学也聊不到一起，显得格格不入。

例 4　艺术与现实绝非格格不入的对立关系。

例 5　这种浪费的现象，与我们的传统美德是格格不入的。

3 各行其是 gèxíng-qíshì

语　　义：各自按照自己认为对的去做。是，对的、正确的。

语用条件：形容很难统一。用于贬义。

例 1　他们的意向和利益不一，各说各的，各行其是。

例 2　公司各个部门各行其是，难以合作。

例 3　足球场上，如果队员都各行其是，互不配合，那怎么行呢？

例 4　他们约定今后井水不犯河水，各行其是。

例 5　他对电影制片厂各部门各行其是表示不满，强调电影制作必须统一指挥，相互配合。

4 归根结底 guīgēn-jiédǐ（归根到底）

语　　义：归结到根本上。底，指树根。

语用提示：带有归纳的意思。

例 1　市场竞争归根结底是知识的竞争、人才的竞争。

例 2　一切科学理论归根结底都是为实践服务的。

例 3　世界上的美千姿百态，但是归根结底就是两种：一种是形式美，一种是内容美。

例 4　锻炼身体，归根结底靠自觉。

5 呼风唤雨 hūfēng-huànyǔ

语　　义：使刮风下雨，比喻能够支配自然或左右某种局面，有时也比喻进行煽动性活动。呼、唤，大声喊叫、指挥。

语用提示：可以用于形容能力很强的人。

例 1 龙是中国古人崇拜的一种神物，它神奇而威严，能呼风唤雨，保证五谷丰登。

例 2 靠着在房地产市场上的成功，44 岁的他成了上海房地产界颇能呼风唤雨的人物。

例 3 现在，该厂具备了在国内市场呼风唤雨的能力。

例 4 这支球队近几年在世界大赛中“呼风唤雨”，已经接连拿下多个奖杯。

例 5 他手中既有钱又有权，是当地呼风唤雨的大人物。

6 鸡毛蒜皮 jīmáo-suànpí

语　　义：比喻无关紧要的琐事或毫无价值的事。

语用条件：常指生活方面的小事。用于贬义。

例 1 人与人之间的矛盾，往往就是源于一些鸡毛蒜皮的小事。比如骑车不留神碰到他人，晾衣时水滴到楼下晒的棉被上等。

例 2 老王家与老李家常常为了一些鸡毛蒜皮的事争吵，积怨已久。

例 3 婚后，小夫妻经常为一些鸡毛蒜皮的小事吵架。

例 4 我们的时间非常宝贵，不能浪费在这些鸡毛蒜皮的小事上。

例 5 小区里安路灯、排污水、扫路面等鸡毛蒜皮的小事，都得她去管。

7 屡见不鲜 lǚjiàn-bùxiān〔数(shuò)见不鲜〕

语　　义：经常看见，并不新奇。屡，多次。鲜，新鲜。

语用提示：指常见现象。

例 1 毫不犹豫地跳入水中，去救落水的小孩儿，这种助人为乐的事迹屡见不鲜。

例 2 在深圳，三十岁上下的镇长、区长、局长屡见不鲜，他们以饱满的热情在自己的岗位上认真工作，为深圳的发展做出贡献。

例 3 学生把“一蹴而就”读成了“一就而就”，这类读错字的情况屡见不鲜。

例 4 鲸类集体自杀现象在世界上屡见不鲜。

例 5 贫困县抓住一项关键技术，形成产业，从而迅速改变贫困面貌的例子已屡见不鲜。

8 理所当然 lǐsuǒdāngrán

语　　义：从道理上或从情理上说应当这样。然，这样。

语用提示：也可以用来形容自以为自己按道理办事，然而事实并非如此的情况。

例 1 与人会面，无法准时到达时，应先打电话告知对方，这是理所当然的事。

例 2 病人在得到这种服务之前，向医院交纳相应费用是理所当然的。

例 3 付出劳动获取报酬是理所当然的。

例 4 既然是市场经济，按质论价就是理所当然的了。

例 5 他怎么那么理所当然就把我送你的礼物拿走了！

9 无所作为 wúsuǒzuòwéi

语　　义：不去努力做出成绩，或没有做出什么成绩。

语用提示：一般指事业上没有做出什么成绩。用于贬义。

例 1 低估自己，觉得自己处处不如别人，对事业灰心丧气，这往往导致无所作为。

例 2 大胆去试，大胆去闯，成功是等不来的；回避问题，退缩不前，只会无所作为。

例 3 一个人如果有了其他的一切，而唯独没有事业，或一生在事业上无所作为，那么人生岂不是索然无味？

例 4 她一想到要无所作为地度过这漫长的人生，就感到无比的空虚。

例 5 以前的他们默默无闻，无所作为；现在的他们事业有成，精神面貌大不一样了。

10 眼花缭乱 yǎnhuā-liáoluàn

语　　义：看见纷繁的东西而感到迷乱。花，迷乱、不清楚。

语用提示：形容事物的品种、样式纷繁多样。

例 1　食品店里，绿豆糕、穿心酥、万卷酥、佛手酥等各种点心令人眼花缭乱。

例 2　红茶、绿茶、奶茶……光是名字就已经让人眼花缭乱了。

例 3　一到这座城市，他就感到眼花缭乱，他被这里丰富多彩的生活迷住了。

例 4　校服不能搞得花花绿绿，让人眼花缭乱。

11 门可罗雀 ménkěluóquè

原　　文

下邽（Xiàguī）翟公有言，始翟公为廷尉，宾客阗（tián）门；及废，门外可设雀罗。翟公复为廷尉，宾客欲往，翟公乃大署其门曰："一死一生，乃知交情；一贫一富，乃知交态；一贵一贱，交情乃见。"

（节选自《史记·汲郑列传》）

参考译文

下邽县的翟公曾说过，当初他做廷尉的时候，宾客挤破了门；等到被罢官后，门外都可以支起网子捕鸟了。后来翟公又当了廷尉，宾客们想前往他家，翟公于是在门上用大字写道："经历过生死，才知往日的感情；经历过贫富，才知交往的态度；经历过尊卑，才显出有无交情。"

（马燕华　译）

语　　义：大门前面可以张网捕雀。形容宾客稀少，十分冷清。门，门前。罗，捕鸟的网，用作动词，意为捕鸟。

语用提示：常与热闹的场面形成对比。

例 1　一个小人物一举成了名作家，新朋老友纷纷向他道贺，成名前的门可罗雀同成名后的门庭若市形成了鲜明对比。

例 2　和不远处生意红火的那家店相比，这里车疏人稀，门可罗雀。

例 3　我们常常可以见到一些富丽堂皇的精品店门可罗雀，冷冷清清，因为高昂的价格令人望而却步。

例 4　文化名人故居和一些纪念馆、图书馆、博物馆，没有热门景点那样人满为患，而是门可罗雀，安静平和。

例 5　这座可容纳几百人的影院过去场场爆满，现在却是门可罗雀。

12 望洋兴叹 wàngyáng-xīngtàn

原　文

（河伯）顺流而东行，至于北海，东面而视，不见水端。于是焉河伯始旋其面目，望洋向若而叹曰："野语有之，曰'闻道百，以为莫己若'者，我之谓也。"

（节选自《庄子·外篇·秋水》）

参考译文

河伯顺着水流向东走，到了北海，向东边望去，看不到水的边际。在这种情况下，河伯才改变自得的脸色，仰望着海神感叹道："俗语说'听到的道理多了，就认为没有人能比得上自己'，说的就是我这样的人啊。"

（马燕华　译）

语　　义：本义指在伟大的事物面前感叹自己的渺小；现在多比喻要做一件事而自叹能力不足，感到无可奈何。望洋，抬头向上看的样子。叹，叹息。

语用提示：形容心里想做，但是由于能力不足而无法做。

例 1　面对几千美元一张的高尔夫球会员证，众多工薪族只能望洋兴叹。

例 2　这种先进仪器只有极少数大医院才买得起，绝大多数医院尤其是贫困地区的医院只能望洋兴叹。

例 3　本想去听音乐会的，可票价让我只能望洋兴叹。

例 4　好工作，不是需要高学历，就是需要有实际工作经验。这两样我都没有，就只有望洋兴叹的份儿了。

练　习

一 使用本课成语填空

1. 中国不少家长在孩子的教育方面存在________的现象，如逼着还不大的孩子学英语，学数学，学书法，等等。
2. 她性格孤僻，和同学们________。
3. 比尔·盖茨是计算机界可以________的人物。
4. 面对国际学校高昂的学费，普通人家的孩子只能________。
5. 有些人一心只想干大事，而不从身边的小事做起，结果一辈子________。
6. 这门课她缺的课时已经超过了学校的规定，重修是________的。
7. 中学毕业后就去国外上大学的现象，现在在中国已经________了。
8. 夏天，街上姑娘们穿着各式各样的漂亮裙子，令人________。
9. 你考试成绩不好，________是因为平时学习不认真。
10. 这次春游，他们一出发就________，一点儿统一行动的意识也没有。
11. 一个人如果太计较________的小事，就不容易与人和谐相处。
12. 在金融风暴的冲击下，这家世界知名的大公司快要倒闭了，如今到了________的境地。
13. 这家公司待遇很好，但是他们要求应聘者会说英语、日语、汉语和韩语，面对这样的招聘条件，我只能________了。
14. 他今年求职不顺利，________是期望太高。
15. 不少人由于没有生活压力，一辈子________。

二 使用本课成语改写句子

1. 由于平时缺课太多，考试的时候，我发现许多看过的题目都不会做了，感到无可奈何。

改写为：________________

2. 父亲的公司倒闭以后，几乎没有客人来我家了。

改写为：________________

3. 现在不少家长逼着孩子三岁就学弹钢琴、学英语，这是违反儿童成长规律的。

改写为：________________

4. 这几所高中在招生的时候，都按照自己认为正确有效的方式选择新生。

改写为：________________

5. 别看这位老爷爷现在连走路都很困难，他四十年前可是影响股市的重要人物。

改写为：________________

6. 在海关入境的时候，要填各种表格，让人感到有点儿迷乱。

改写为：________________

7. 他这一辈子没做出什么成绩，倒也过得平平安安。

改写为：________________

8. 外国人能说地道的相声，这种现象现在很常见。

改写为：________________

第十二课　相濡以沫

成语小知识

成语语用特点（4）：很少用“不”“没”直接否定

成语前面很少用“不”“没”来直接否定，一般用“不能”“不可”“不要”“不是”“绝非”等词语来否定成语所形容的某种状态或所描写的某种现象。如：

a. 不称职的教师绝不能滥竽充数，以免误人子弟。

b. 选择职业切不可朝三暮四，赶时髦，追浪潮。

c. 人们慢慢地明白了这样一个道理：推销自己并不是夜郎自大。

d. 行星撞击地球的发生概率极小，我们不必杞人忧天。

本课学习的成语

1	相濡以沫 ※	xiāngrú-yǐmò	7	一概而论	yígài'érlùn
2	当务之急	dāngwùzhījí	8	约定俗成	yuēdìng-súchéng
3	家喻户晓	jiāyù-hùxiǎo	9	众所周知	zhòngsuǒzhōuzhī
4	举世闻名	jǔshì-wénmíng	10	自始至终	zìshǐ-zhìzhōng
5	举世瞩目	jǔshì-zhǔmù	11	相敬如宾 ※	xiāngjìng-rúbīn
6	无微不至	wúwēi-búzhì	12	捉襟见肘 ※	zhuōjīn-jiànzhǒu

1 相濡以沫 xiāngrú-yǐmò

原　　文

泉涸，鱼相与处于陆，相呴（xǔ）以湿，相濡以沫，不如相忘于江湖。

（节选自《庄子·内篇·大宗师》）

参考译文

泉水干涸了，鱼被共同困在陆地上，张嘴吐气互相滋润，用口中唾沫互相沾湿身体，这样就不如在江湖里彼此互相忘记。

（马燕华　译）

语　　义：比喻在困境中用微薄的力量相互救助。濡，沾湿。沫，唾沫。

语用提示：常指在艰难环境中互相救助，多用于夫妻之间。用于褒义。

例 1　他们说，结婚就意味着两人今生今世要风雨同舟，相濡以沫。

例 2　一间十平米的小屋住着两个相濡以沫的老人。

例 3　老卫最该谢的是家里人，是相濡以沫的老伴儿，是孝顺的孩子。

例 4　这个长篇小说写的是一个失去双亲的家庭，在二十年里，姐弟四人和姑妈相濡以沫的故事。

例 5　他 15 岁起跟随师父学唱京剧，几十年来相濡以沫，结下了深厚的师生情谊。

2 当务之急 dāngwùzhījí

语　　义：当前急切应办的事。务，从事、做。急，急切。

语用提示：多用于面临很多需要办的事时。

例 1　让大批研究成果向产品转化，已经成了上海现代生物与医药业的当务之急。

例 2　该地区的失业率高达 12%，发展劳动密集型的制造业成为当务之急。

例 3　当务之急是做好灾区和贫困地区的粮食供应。

例 4　帮助这些“上有老、下有小”的妇女再就业，成为当务之急。

例 5　这个小镇的当务之急是发展经济。

3 家喻户晓 jiāyù-hùxiǎo

语　　义：每家每户都知道。喻，明白、了解。晓，知道。

语用提示：用于褒义。

例 1　唐僧取经的故事在中国几乎是家喻户晓。

例 2　后羿射日、女娲补天、嫦娥奔月等神话故事，代代相传，家喻户晓，为后人的神话创作提供了丰富的养料。

例 3　孙悟空的名字，在中国家喻户晓。

例 4　“百年大计，教育为本”，这是家喻户晓的道理。

例 5　“味道好极了”这一广告语，言简意赅，朗朗上口，易懂易记，如今已是家喻户晓。

4 举世闻名 jǔshì-wénmíng

语　　义：在全世界都有名。举，全。闻名，有名。

语用提示：用于褒义。

例 1　父子俩来到举世闻名的故宫。

例 2　目前，德国的莱比锡已有一百多家设备精良的印刷厂，印刷质量举世闻名。

例 3　举世闻名的指南针、造纸术、火药、印刷术四大发明，是中华民族对世界文明的贡献。

例 4　西班牙人的斗牛和弗拉明戈舞举世闻名。

5 举世瞩目 jǔshì-zhǔmù

语　　义：全世界的人都注视着。举，全。瞩目，注目。

语用提示：多用来形容能引起全社会关注的大事件，一般指正面事件。

例 1　这家研究中心在物理研究领域已经取得了一些举世瞩目的成果。

例 2　新华社记者将随队出征，对这次举世瞩目的登山活动进行独家报道。

例 3　中国在扶贫方面取得了举世瞩目的成就，其成功的关键因素之一是有一个长远规划。

例 4　举世瞩目的第 28 届世界遗产大会于 2004 年 6 月在中国苏州拉开帷幕。

例 5　十多年来，广东省的经济建设取得了举世瞩目的光辉成就，而这些成就与农民工有着不可分割的紧密联系。

6 无微不至 wúwēi-búzhì

语　　义：没有一个细微的地方没有考虑到，形容待人非常细心周到。微，细小的地方。至，到。

语用提示：一般用于褒义，有时含讽刺意味。

例 1　他们对患者的关心，可以说是无微不至；对自己的要求，始终是精益求精。

例 2　七年来，十六位年逾八旬的孤寡老人在她无微不至的关怀中安享晚年。

例 3　孩子从出生、学步，到进入幼儿园、小学，一直都在家长无微不至的关心和照顾之下。

例 4　虽然母亲在物质生活等方面对我的照顾无微不至，但我仍常常感到孤独和失落。

例 5　我自己的事自己能处理好，不需要你“无微不至”的关心。

7 一概而论 yígài'érlùn

语　　义：用一个标准来评论或对待。概，古代量谷物时刮平斗斛的器具，此处比喻标准。一概，一个标准。

语用提示：多用于否定形式。

例 1　我最近逛了几次卖书的地摊，发现对地摊上的书不能一概而论。至少我逛的这三个，卖的还是好书居多。

例 2　我们反对过度包装，但并非一概而论地反对精美包装。

例 3　在谈到如何过好双休日的时候，很难一概而论。

例 4 青少年在不同的阶段会有不同的心理需求和不同的兴趣，不能一概而论。

例 5 外国人学中文，什么最难学，不能一概而论。

8 约定俗成 yuēdìng-súchéng

语　　义：指某种事物的名称或社会习惯经过人们长期实践而认定或形成，已经得到社会承认并固定下来。俗成，习用而形成。

语用提示：约定俗成的事物很难改变。

例 1 暴露的“暴”，过去的读音本是“pù”，但现已约定俗成，读作“bào”，就不必执着于旧读音了。

例 2 我们刚到近藤先生家时，每天晚上约定俗成地要和他或他的家人用日语交谈约一个小时，以便尽快地提高日语会话能力。

例 3 多年来，中国的电视界有一种约定俗成的观点，认为相声、小品、歌舞是综艺晚会节目构成的三种基本形式。

例 4 这种题型在考试中出现已是约定俗成，所以我们要对它重视起来。

例 5 给自己定下条条框框，过约定俗成的生活，我把这叫作“二手生活”。

9 众所周知 zhòngsuǒzhōuzhī

语　　义：大家都知道（的道理、规定等）。周，全、都。

语用提示：用来增加说话的说服力。

例 1 众所周知，超速驾驶和酒后开车是导致交通事故的两大重要原因。

例 2 众所周知，铁是人体内一种不可缺少的微量元素，在人体内起着十分重要的作用。

例 3 众所周知，海豚是一种非常聪明的海洋动物。

例 4 如今，英特尔品牌已众所周知。

例 5 他们的发现从科学的角度印证了一个众所周知的常识：儿童学语言的能力要比成年人强。

10 自始至终 zìshǐ-zhìzhōng

语　　义：从开始到结束。始，开始。至，到。

语用提示：用于表示情况一直没有变化。

例 1　老师讲课有感染力，能激起学生的学习兴趣，能吸引学生，使学生在课堂上能自始至终地集中注意力。

例 2　他的武术表演自始至终掌声不断，叫好声此起彼伏。

例 3　这场宴会自始至终都充满着热烈、友好的气氛。

例 4　大亚湾核电站在建设过程中，自始至终坚持“安全第一，质量第一”的方针。

例 5　谁知中外记者提问非常踊跃，以致本报记者自始至终竟未得到提问的机会。

11 相敬如宾 xiāngjìng-rúbīn

原　　文

初，臼季使，过冀（Jì），见冀缺耨（nòu），其妻馌（yè）之，敬，相待如宾。

（节选自《左传·僖公三十三年》）

参考译文

当初，臼季作为使者外出，路过冀国，看见冀缺在除草，他的妻子给他送饭，夫妻二人相互尊敬，像对待客人一样。

（马燕华　译）

语　　义：形容夫妻互相尊敬，像对待客人一样。敬，尊敬。宾，客人。

语用提示：用于褒义。

例 1　我的父母一辈子相敬如宾。

例 2　相敬如宾、白头偕老是理想的婚姻状态；但现实的婚姻生活，更多的时候是锅碗瓢盆、柴米油盐。

例 3　结婚后，小两口儿相敬如宾，日子过得挺幸福。

例 4　她的爷爷奶奶已经结婚几十年了，一直相敬如宾、形影不离，让人羡慕不已。

12 捉襟见肘 zhuōjīn-jiànzhǒu

原　文

曾子居卫，缊（yùn）袍无表，颜色肿哙（kuài），手足胼（pián）胝（zhī）。三日不举火，十年不制衣，正冠而缨绝，捉衿而肘见，纳屦（jù）而踵（zhǒng）决。曳縰（xǐ）而歌《商颂》，声满天地，若出金石。

（节选自《庄子·杂篇·让王》）

参考译文

曾子住在卫国，穿着麻絮做的袍子，袍子的表层已破烂不堪。他的脸浮肿，手脚有老茧。他多日不开火做饭，十年不裁制一件新衣服；正一正帽子，帽带就断了；抓住衣服前襟，胳膊肘儿就露出来了；穿上鞋子，鞋后跟处就裂开了。他拖着破旧的鞋子唱《商颂》，声音充满天地，好像金石之声那样响亮。

（马燕华　译）

语　　义：拉一下衣襟，胳膊肘儿就露出来了。形容衣服破旧，生活贫困。多比喻困难重重，应付不过来。襟，衣服前面的部分。见，显、露。

语用提示：常用比喻义。

例 1　虽然她平日里节衣缩食，会精打细算，上顾老、下顾小，仍不免捉襟见肘，家里常出现“财政赤字”。

例 2　一个孩子正上大学，一个孩子在上中学，上面还有一个老人，他们这点儿收入维持一个五口之家，怎能不捉襟见肘？

例 3　集团公司的领导既抓大事，又顾小事，忙得焦头烂额，捉襟见肘。

例 4　北京密云水库建成时是为北京市和天津市的工农业生产及城市生活供水的，后来水源供不应求，捉襟见肘，现在只能供应北京市的城市生活用水了。

练　　习

一 使用本课成语填空

1. 他刚毕业，工资还比较低，在生活上有些________________。
2. 北京的故宫博物院________________。
3. 长城是________________的中国古代建筑。
4. 每年我过生日的时候，全家人都会先祝妈妈快乐，这已经是________________的了。
5. 灾难发生的时候，________________是救人。
6. 我觉得________________的夫妻不一定感情好。
7. 如何和不同文化背景的人相处，不能________________。
8. ________________，外国人的签证到期时，必须离境。
9. 今天上课时，他________________没说一句话，可能是遇到了什么不愉快的事吧。
10. 父母________________地度过了他们创办公司时的那段困难时期。
11. 历届奥运会都是________________的大事。
12. 英国王室的王子们年轻时会去军队当几年兵，这几乎已经________________了。
13. 我觉得我父母几十年来感情深厚，________________，是一对好夫妻。
14. 她是中国________________的大明星。
15. 由于他小时候父母把他照顾得________________，因此他独立生活的能力很差。
16. 各个电商平台都会在“光棍儿节”那天举行打折促销活动，这似乎已经________________了。

二 使用本课成语改写句子

1. 大家都知道，北京是中国的首都。

改写为：________________________________

2. 你现在最紧急的事情是延长签证时间。

改写为：______________________________

3. 我的父母相互扶持，共同努力，终于走出了困境，有了今天来之不易的幸福生活。

改写为：______________________________

4. 尊老爱幼是中国社会几千年来一直秉承并已形成习惯的社会规范。

改写为：______________________________

5. 学习汉字对外国人来说难不难，这不能用一个标准来衡量。

改写为：______________________________

6. 他平时不按时完成作业，学期快结束时要补很多作业，显得精力和时间不够用。

改写为：______________________________

7. 天坛是世界上很有名的历史古迹。

改写为：______________________________

第十三课　愚公移山

成语小知识

成语学习策略（1）：注意分析语境义

外国人学习使用成语，除了要把握整体语义、注意词义古今有差异、了解语用条件等特点外，还要注意准确分析成语语境义。成语语境义指成语在语境中的具体语义，如“守株待兔”比喻死守狭隘的经验，不知变通。但在下面的句子中，“守株待兔”的语境义并不完全相同。

a. 不能有效地适应市场需要生产高质量的对路产品，而只是守株待兔式地等待买家，这样必遭市场的冷遇。

句中“守株待兔”的意思是不知变通，不积极主动适应市场，而只是坐等买家上门。

b. 在充满竞争的现代社会，“酒香不怕巷子深”的守株待兔式的经营办法显然是不行的。

句中“守株待兔”的意思是好产品也不能只被动地等待市场的需求。

c. 这两位公安干警多次守株待兔，均未见到那位神秘的送报人。

句中的“守株待兔”形容公安干警集中精力，专心蹲守。

本课学习的成语

1	愚公移山 ※	yúgōng-yíshān	5	顾全大局	gùquán-dàjú
2	安居乐业	ānjū-lèyè	6	举一反三	jǔyī-fǎnsān
3	方兴未艾	fāngxīng-wèi’ài	7	前仆后继	qiánpū-hòujì
4	丰衣足食	fēngyī-zúshí	8	全力以赴	quánlìyǐfù

9	欣欣向荣	xīnxīn-xiàngróng	11	自力更生	zìlì-gēngshēng
10	循序渐进	xúnxù-jiànjìn	12	完璧归赵 ※	wánbì-guīzhào

1 愚公移山 yúgōng-yíshān

原　　文

北山愚公者，年且九十，面山而居。惩山北之塞，出入之迂也，聚室而谋……遂率子孙荷担者三夫，叩石垦壤，箕（jī）畚（běn）运于渤海之尾。……

河曲智叟笑而止之，曰："甚矣汝之不惠！以残年余力，曾不能毁山之一毛，其如土石何？"北山愚公长息曰："汝心之固，固不可彻，曾不若孀妻弱子。虽我之死，有子存焉；子又生孙，孙又生子；子又有子，子又有孙；子子孙孙，无穷匮也。而山不加增，何苦而不平？"河曲智叟亡以应。

（节选自《列子·汤问》）

参考译文

北山有个叫愚公的老头儿，快九十岁了，面对着山居住。他深受山北面道路不通、进出要绕道的痛苦，就召集全家人商议怎么办……于是，愚公率领子孙中三个能挑担子的人，砸石头、挖泥土，用箕筐把土石运到渤海边上。……

河曲有个叫智叟的老头儿，嘲笑并劝阻愚公，说："你也太不聪明了！凭着你风烛残年余下的那点儿力气，都无法减损北山上的一棵小草，又能拿这些土石怎么样呢？"北山愚公长长地叹了一口气，说："你的思想很死板，死板得不知变通，还不如寡妇和幼小的孩子呢。即使我死了，我还有儿子；儿子又生孙子，孙子又生儿子；孙子的儿子又生儿子，他的儿子又生孙子；子子孙孙，无穷无尽。但是山不会再增高了，为什么还担心不能挖平它呢？"智叟听后，没有话可说了。

（马燕华　译）

语　　义：比喻做事不畏艰难险阻，有坚韧不拔的毅力。移，搬走。

语用提示：用于褒义。

例 1　他动员父母、妻子、弟弟和妹妹，以愚公移山的精神，苦干三年，出资三万元，修成了一条长八公里的路。

例 2　这里的村民发扬愚公移山精神，三十年来治山、治水、造田，共栽种果树四千多亩。

例 3　这批数量巨大的物资，要靠肩挑背扛、走羊肠小道把它们运出去，无异于愚公移山。

例 4　他诗写得不好，量却惊人，退稿，投寄，再退稿，再投寄，颇有愚公移山的精神。

2 安居乐业 ānjū-lèyè

语　　义：安定地居住、生活，愉快地从事自己的职业。

语用提示：形容祥和安定的社会环境。一般把“安居”看作“乐业”的条件，强调“安定居住”的重要性。用于褒义。

例 1　企业出资盖起宽敞舒适的住房，让职工安居乐业。

例 2　村里拿出资金修建了专家楼，接纳近百名专家来村里安居乐业。

例 3　改革开放以来，南通市的经济、社会发展取得了令人瞩目的成就，各项事业蒸蒸日上，人民安居乐业。

例 4　中国有个成语，叫“安居乐业”，之所以把“安居”放在前头，是因为人只有“安居”，才能“乐业”。

例 5　奇怪的是，企鹅却能在南极这世界寒极上安居乐业。

3 方兴未艾 fāngxīng-wèi'ài

语　　义：事物正在兴起、发展，还不会停止。方，正在。兴，兴起、发展。艾，停止。

语用提示：形容事物生命力很强。用于褒义。

例 1 基因疗法在中国方兴未艾。

例 2 这个型号的电脑已趋于淘汰，但是在一些比较落后的地区则方兴未艾。

例 3 这种深受青年人喜爱的 T 恤样式方兴未艾，正从大城市向中小城市蔓延。

例 4 蜂产品作为营养品的开发和利用方兴未艾。

例 5 这种技术方兴未艾，发展前景很好。

4 丰衣足食 fēngyī-zúshí

语　　义：衣物丰厚，粮食充足。形容生活富裕。丰，丰厚。足，充足。

语用条件：一般不用来形容某个人或某个家庭生活富裕。

例 1 在丰衣足食之后，人们对于“住”有了更高的追求。

例 2 “让每个贫困的角落都飘荡出丰衣足食的人们的欢声笑语”，是这位领导人的理想。

例 3 这座镇上的居民完成了由勉强度日到温饱有余的历史性转变，生活水平在丰衣足食的基础上继续提高。

例 4 目前，中国已迈入全面小康阶段，人民生活丰衣足食。

例 5 她希望她的孩子面对的是一个宽厚温暖、丰衣足食的世界。

5 顾全大局 gùquán-dàjú

语　　义：照顾到整个局面，使不受损失。顾，照顾。

语用提示：指从大原则和整体局面出发考虑问题，但局部利益会受损失。用于褒义。

例 1 这所大学鼓励毕业生发扬顾全大局、艰苦奋斗的精神，去国家重点建设单位、国防单位、艰苦行业和国有大中型企业工作。

例 2 领导能否顾全大局，人际关系是否融洽，对部门关系影响很大。

例 3 公司的全局利益同局部利益发生某些矛盾时，宁可局部暂时吃亏，也要顾全大局，使局部利益服从全局利益。

例 4 两位国家领导人顾全大局，高瞻远瞩，推动两国达成了协议。

6 举一反三 jǔyī-fǎnsān

语　　义：从一件事情类推而知道同类的许多事情。反，类推。

语用提示：一般指学习或处理问题的方法。

例 1　语文教材无非给出例子，使学生能够做到举一反三，掌握阅读和作文的技能。

例 2　类比推理可使人触类旁通，举一反三，从已知事物的特征看到事物的未知特征和未知事物的特征。

例 3　这家企业引进技术并非单纯为了使用，而是要博采众长，举一反三，创新赶超，抢先占领新产品市场。

例 4　我们除了对这件事的责任人进行了经济处罚外，还召开了专门会议，举一反三，分析危害，强化管理措施，以保证不再出现类似问题。

例 5　对什么事都能举一反三，正是他学习效率高的原因。

7 前仆后继 qiánpū-hòujì

语　　义：前面的人倒下了，后面的人继续跟上去。形容英勇奋斗，不怕牺牲。仆，向前跌倒。继，继续。

语用提示：一般指为了一个共同目标。

例 1　他们用生命谱写的前仆后继抓捕歹徒的壮举深深地刻在人们心中。

例 2　一些买家吃了亏，退出了竞买行列，而其他买家仍旧前仆后继，因为拍卖虽然有高风险，但也有高回报。

例 3　医学专家为征服这一顽症，前仆后继研究了上百年，却仍无突破性进展。

例 4　尽管许多名不副实的营养保健品厂纷纷倒闭，但前仆后继者依然接二连三地出现。

8 全力以赴 quánlìyǐfù

语　　义：把全部力量或精力投入某件事中。赴，到（某处）去。

语用提示：用于褒义。

例 1 我们还没有放弃，就像足球比赛，在终场哨响之前，我们都要全力以赴。

例 2 半年内，我们要完成今年 70% 的工作量。时间很紧，但我们将全力以赴。

例 3 全国铁路将把粮食和煤炭运输作为运输工作的重中之重来抓，全力以赴确保重点物资的运输。

例 4 各医院成立了相应的工作组，集中人力、物力和财力，全力以赴投入救治伤员的工作。

例 5 我不会过多地去考虑比赛结果，在比赛中我只要全力以赴就行了。

9 欣欣向荣 xīnxīn-xiàngróng

语　　义：形容草木茂盛，多比喻事业蓬勃发展，社会繁荣兴旺。欣欣，茂盛的样子。

语用提示：用于褒义。

例 1 高山上的气温比平原低，这种植物在平原因炎热而无法生长，在高山上却能欣欣向荣，开花结果。

例 2 现在全市各行各业都掀起了大改革、大开放的浪潮，呈现出一派欣欣向荣的景象。

例 3 当今的画坛呈现出一派欣欣向荣、万紫千红的大好局面。

例 4 人民群众热心支持和积极参与各项体育活动，使中国的体育事业呈现出欣欣向荣的大好局面。

例 5 随着小商品城的建设，古老的义乌城变得欣欣向荣。

10 循序渐进 xúnxù-jiànjìn

语　　义：（学习、工作）按照一定的步骤逐渐深入或提高。循，遵循、按照。渐，逐渐。进，前进、提高。

语用提示：用于褒义。

例 1　对于专业基础尚浅的大一学生而言，读书应该循序渐进，不应求快求多。

例 2　文化知识的积累，是一个循序渐进的过程。

例 3　要制订切实可行的读书计划，循序渐进，根据自己的时间与阅读能力，由浅入深地读，养成良好的读书习惯。

例 4　为了培养孩子对高雅音乐的爱好，他根据孩子的实际情况制订了一套循序渐进、从初级到高深的高雅音乐欣赏计划。

例 5　这家汽车公司认为，用循序渐进的方式不可能赶上世界的先进水平，而是需要一次巨大的飞跃才能赶上。

11 自力更生 zìlì-gēngshēng

语　　义：靠自己的力量把事情办起来。更生，重新得到生命，比喻重新兴旺起来。

语用提示：一般在目前环境比较艰苦时使用。

例 1　贫困地区的人们要脱贫致富，归根结底还是要靠自力更生，靠艰苦奋斗，不能存有任何依赖思想。

例 2　灾区的干部、群众要振奋精神，自力更生，重建家园。

例 3　我们虽然强调自力更生，但也不排斥外援。

例 4　自力更生才能丰衣足食。

12 完璧归赵 wánbì-guīzhào

原　　文

赵惠文王时，得楚和氏璧。秦昭王闻之，使人遗赵王书曰："愿以十五城请易璧。"……（赵）王曰："谁可使者？"（蔺）相如曰："王必无人，臣愿奉璧往使。城入赵而璧留秦；城不入，臣请完璧归赵。"赵王于是遂遣相如奉璧西入秦。

秦王坐章台见相如，相如奉璧奏秦王。秦王大喜，传以示美人及左右，左右皆呼万岁。相如视秦王无意偿赵城，乃前曰："璧有瑕，请指示王。"王授璧，相如因持璧，却立，倚柱，怒发上冲冠，谓秦王曰："大王欲得璧，使人发书至赵王，赵王悉召群臣议，皆曰'秦贪，负其强，以空言求璧，偿城恐不可得'。议不欲予秦璧。臣以为布衣之交尚不相欺，况大国乎！且以一璧之故逆强秦之欢，不可。于是赵王乃斋戒五日，使臣奉璧，拜送书于庭。何者？严大国之威以修敬也。今臣至，大王见臣列观（guàn），礼节甚倨；得璧，传之美人，以戏弄臣。臣观大王无意偿赵王城邑，故臣复取璧。大王必欲急臣，臣头今与璧俱碎于柱矣！"相如持其璧睨（nì）柱，欲以击柱。秦王恐其破璧，乃辞谢固请，召有司案图，指从此以往十五都予赵。相如度秦王特以诈详为予赵城，实不可得，乃谓秦王曰："和氏璧，天下所共传宝也，赵王恐，不敢不献。赵王送璧时，斋戒五日，今大王亦宜斋戒五日，设九宾于廷，臣乃敢上璧。"秦王度之，终不可强夺，遂许斋五日，舍相如广成传（zhuàn）。相如度秦王虽斋，决负约不偿城，乃使其从者衣褐，怀其璧，从径道亡，归璧于赵。

（节选自《史记·廉颇蔺相如列传》）

参考译文

赵惠文王在位时，得到了一块楚国的和氏璧。秦昭王听说后，派人给赵王送来一封信，说："愿意用十五座城换得和氏璧。"……赵王说："谁可以作为使者前往秦国办理这件事？"蔺相如说："大王如果没有人选的话，我愿意带着和氏璧前往。到时十五座城划归赵国，和氏璧就留在秦国；没划归赵国，我保证把和氏璧完好无缺地带回赵国。"赵王于是派蔺相如带着和氏璧向西到秦国去了。

秦昭王在章台接见蔺相如，蔺相如捧着和氏璧献给秦昭王。秦昭王看见和氏璧十分高兴，将和氏璧传给妃嫔和侍从观看，大家高呼"万岁"。蔺相如看秦昭王没有用十五座城补偿赵国的意思，走上前说："璧上有瑕疵，请让我指给您看。"秦昭王把和氏璧给了蔺相如，蔺相如接过和氏璧后退了几步，靠着屋柱站着，十分生气地对秦昭王说："大王想得到这块璧，派人给赵王送信，赵王接信后召集全体大臣商议。大臣们都说'秦国贪婪，凭着国力强大，口头上说请求用城换和氏璧，实际上赵国恐怕得不到这十五座城'。大家商议不给秦国和氏璧。我认为平民百姓之间交往，尚且不会互相欺骗，何况是一个大国呢？而且因为一块玉璧，惹得强大的秦国不高兴，不可取。于是，赵王斋戒五天，派我捧着璧前来。临行时走下殿来，亲自把我送到院子里并向我们行礼。为什么这么隆重？是尊重大国的威望，向你们表示敬意。现在我到了秦国，大王在普通宫殿接见我，礼节傲慢；您拿到和氏璧后，又传给美人观看，戏弄我。我看大王没有补偿赵王十五座城的意思，所以我又取回了和氏璧。大王您要是逼迫我，今天我的脑袋就与和氏璧一起撞碎在大殿柱子上！"蔺相如手持和氏璧，斜视着大殿的柱子，要向柱子撞去。秦昭王怕蔺相如损坏和氏璧，于是连忙道歉，请求他不要摔碎和氏璧。并叫来管理图籍的官员，在地图上指出从这里到那里的十五座城都划归赵国。蔺相如估计秦王只不过是假装给赵国城池，实际上赵国是不可能得到的，就对秦昭王说："和氏璧是天下公认的传世之宝，赵王害怕秦国，不敢不把璧献给您。赵王让我送和氏璧来时，斋戒了五天。现在大王也应该斋戒五天，并在朝廷设九宾大礼，那时我才可以献和氏璧。"秦昭王想，不能强行夺取和氏璧，于是同意斋戒五天，安排蔺相如住在广成传舍。蔺相如心想，秦昭王虽然答应斋戒，但一定会违背约定，不拿城池来补偿赵国，于是就派随行人员穿着破旧的衣服，怀里揣着和氏璧，从小路逃走了，将和氏璧完好无缺地送回了赵国。

（马燕华　译）

语　　义：指原物完整无损地归还本人。完，完好无损。归，归还。

语用提示：用于褒义。

例 1　快餐厅员工将一位记者遗落的羊绒围巾拾起收好，第二天完璧归赵了。

例 2　这些书我看完之后一定会完璧归赵，你放心。

例 3　到当天下午 4 点，最后一张 100 元也被找到。至此，散落的 10 万元巨款已完璧归赵，失主十分感激。

例 4　商场放在门口供人们下雨时借用的雨伞，雨过天晴后大都完璧归赵了。

练　习

一 使用本课成语填空

1. 许多大学毕业生不敢在这里找工作，因为这里房价太贵，买不起住房，不能________________。
2. 他发扬________________精神，坚持每天下班后学习半小时外语，二十年来从未间断，现在已经掌握了英、法、日、汉四种语言。
3. 饭要一口一口吃，路要一步一步走，学习不要贪多图快，要________________地提高。
4. 电子商务在一些发展中国家处在________________阶段。
5. 做任何事情都不能只依赖别人，必须________________。
6. ________________的人，往往不计较自己的得失。
7. 善于________________的人，有很强的自学能力，很多知识实际上不是在课堂上学到的。
8. 经过两年的建设，灾区又恢复了________________的景象。
9. 周末我不小心把书包忘在了出租车上，好心的司机师傅及时把我的包送还给我，________________，里面的东西一点儿也没少。
10. 在贫穷地区，________________是人们追求的目标。
11. 现在找工作不容易，论文写完后我要________________去找。
12. 父亲今年主动请缨去艰苦地区工作，是________________，是为了整个部门的利益。
13. ________________是一种可贵的精神，从小娇生惯养的孩子尤其需要有这种精神。
14. 在网上学习，正在成为一种潮流，________________。
15. 她善于学习，通过了解“你”和“他”中单人旁的含义，________________，很快就理解了“做”和“住”的词义。

二 使用本课成语改写句子

1. 安定地生活、愉快地从事自己喜欢的事业是幸福的。

改写为：________________

2. 马上就要期末考试了，我要用全部的力量和精力复习功课。

改写为：________________

3. 昨天我和朋友在饭馆吃饭，把手机忘在那儿了。今天饭馆的服务员把我的手机完好无损地送回来了。

改写为：________________

4. 微软公司采用先进的经营模式，抓住有利时机，得到了飞速发展。它的发展不是按照一定的步骤逐渐深入或提高，而是跳跃式的发展。

改写为：________________

5. 要想干成这项大事业，必须几代人英勇奋斗，顽强拼搏。

改写为：________________

6. 不依赖别人，靠自己的力量把事情办起来很重要，但是有时候运气也很重要。

改写为：________________

7. 爸爸为了公司的利益，主动请求去艰苦落后的地区工作。

改写为：____

8. 利用互联网开展各种服务、业务的方式正在快速发展，没有停止的趋势。

改写为：____

第十四课 滥竽充数

成语小知识

成语学习策略（2）：多用、多看、多想

学习成语，就要多用成语。平时说话、写文章的时候要有意识地运用成语。

学习成语，要多看、多听汉语母语者是怎么运用成语的。这些汉语母语者运用成语的活生生的实例，对培养成语语感大有裨益。

学习成语，还要多想。对那些运用精妙的成语，不仅要多思考为什么用得好，更要多想想为什么有的成语自己用得不好或用得不对，可以向汉语母语者请教。下面例子中的成语不仅用得准确精妙，而且用出了新意。

a. 奇怪的是，企鹅却能在南极这世界寒极上<u>安居乐业</u>。

b. 如果各类杂志的栏目都<u>百花齐放</u>，杂志就没有特色了。

c. 被卸去轮胎的汽车趴在地上，显得<u>垂头丧气</u>。

d. 运用这一“武器”，可使作恶多端的癌细胞“<u>改邪归正</u>”。

本课学习的成语

1	滥竽充数 ※	lànyú-chōngshù	7	面面俱到	miànmiàn-jùdào
2	半途而废	bàntú’érfèi	8	目中无人	mùzhōng-wúrén
3	不自量力	búzìliànglì	9	一毛不拔	yìmáo-bùbá
4	不了了之	bùliǎo-liǎozhī	10	自私自利	zìsī-zìlì
5	粗制滥造	cūzhì-lànzào	11	每况愈下 ※	měikuàng-yùxià
6	根深蒂固	gēnshēn-dìgù	12	纸上谈兵 ※	zhǐshàng-tánbīng

1 滥竽充数 lànyú-chōngshù

原　文

齐宣王使人吹竽，必三百人。南郭处士请为王吹竽，宣王说（yuè）之，廪（lǐn）食以数百人。宣王死，湣（mǐn）王立，好一一听之，处士逃。

（节选自《韩非子·内储说上七术》）

参考译文

齐宣王让人吹奏竽，一定要三百人一齐吹奏。有位南郭先生请求为齐宣王吹奏竽，齐宣王很高兴地答应了，南郭先生享受着可供几百人吃的官仓供应粮的俸禄。齐宣王死后，齐湣王继位，他喜欢听乐手一个一个地吹奏，南郭先生便逃走了。

（马燕华　译）

语　　义：比喻没有真才实学的人，混在行家里面充数；或拿不好的东西混在好的里面凑数。滥，失实的。竽，一种吹奏乐器。

语用提示：用于贬义。有时也可以用来自谦或自嘲。

例 1　绝不能让不称职的教师滥竽充数，以免误人子弟。

例 2　这样的灭火器还挂在那里作为消防器材滥竽充数，一旦发生火灾，后果不堪设想！

例 3　这里高手很多，我不过是滥竽充数。

例 4　这种不称职的医生必须解聘，绝不能滥竽充数。

例 5　有些所谓的高科技产品，其实科技含量很低，纯属滥竽充数。

2 半途而废 bàntú'érfèi

语　　义：指事情没有完成就停止了。废，停止。

语用提示：语境中未完成的事情一般具有积极意义。用于贬义。

例 1　这条八九公里长的路修了好几年也没有修通，修修停停，总是半途而废。

例 2　目睹了在建教学楼那半途而废的工地以后，人们很着急。

例 3　他们自控能力差，容易被困难吓倒，做事情往往半途而废。

例 4　如何才能避免有才华的棋手未到而立之年便半途而废呢？

例 5　她与丈夫很为难：女儿品学兼优，学业不能半途而废，但是奶奶也需要人照顾，怎么办？

3 不自量力 búzìliànglì（自不量力）

语　　义：不能正确估计自己的能力。量，衡量、估计。力，能力。

语用提示：多指过高估计自己的能力，做力所不能及的事情。用于贬义，有时也可以表示自谦。

例 1　如果一个没有经营能力的人，不自量力地认为自己具备这种能力而经营企业，会有什么后果呢？

例 2　仅仅为了面子，不顾自己的实力，不自量力地非要报考名牌大学的名牌专业，有什么必要呢？

例 3　他竟然向冠军发起挑战，人们都觉得他不自量力。

例 4　尽管我也知道我报名参加这个比赛有些不自量力，但我还是想全力以赴试一试。

例 5　可笑的是，我自己竟不自量力，提出要写一部《文化人类学》。

4 不了了之 bùliǎo-liǎozhī

语　　义：把没有办完的事情或需要解决的问题，放在一边不管或拖延过去，就算是办完了或解决了。了，完结。

语用提示：表示事情最后没有结果。用于贬义。

例 1　这类环境污染事故，不能不了了之。

例 2　曾有人将两枚恐龙蛋化石送到上级部门请求鉴定，后来不了了之了。

例 3　这种问题应该讨论出个结果，不能采取模糊的态度不了了之。

例 4 有些项目开始时轰轰烈烈，最后却不了了之。

例 5 由于缺乏证据，这起故意伤害事件看来会不了了之。

5 粗制滥造 cūzhì-lànzào

语　　义：制作粗劣，不讲究质量。也指工作不负责任，草率从事。粗，粗糙、不精细。滥，多而不精细。

语用提示：用于贬义。

例 1 这部电视剧粗制滥造，所以观众不喜欢。

例 2 这家工厂非常重视产品质量，绝不粗制滥造。

例 3 这类演出大多粗制滥造，节目格调不高，人员组成复杂，宣传广告虚假，哄抬票价，坑害消费者。

例 4 这本词典错误百出，粗制滥造，怎么还能出版呢？

6 根深蒂固 gēnshēn-dìgù

语　　义：比喻基础稳固，不容易动摇。蒂，花或瓜果与枝茎相连的部分。固，坚固。

语用提示：多用来形容负面事物。

例 1 他这种老旧观念根深蒂固，不是别人说说就能动摇的。

例 2 迷信在某些人的思想中，仍然根深蒂固。

例 3 与人初次见面时，要注意自己的言谈举止，因为第一印象往往会在人的记忆中“根深蒂固”。

例 4 陈先生在这个方言“根深蒂固”的地方，大力倡导普通话，而且矢志不移，具有远见卓识。

7 面面俱到 miànmiàn-jùdào

语　　义：各方面都照顾到，没有遗漏。面，方面。俱，都。

语用提示：一般指没有重点。

例 1 我们希望来稿不要面面俱到，而是要抓住某一点，联系实际，写得深入些。

例 2 我们应从实际出发，突出重点，着重解决主要问题，不用面面俱到。

例 3 国家的财力、物力有限，如果面面俱到，没有重点，大企业和小企业就都难以搞好。

例 4 该书囊括整个西方社会学史，面面俱到，浓缩为一册，适于浏览。

例 5 该国政府为企业提供的商业信息是大量的、深入的和面面俱到的，为此他们投入了大量的人力、物力。

8 目中无人 mùzhōng-wúrén

语　　义：不把人看在眼里，形容骄傲自大，看不起人。目，眼睛。

语用提示：用于贬义。

例 1 赵括把用兵打仗看作儿戏，谈起兵法来，眼空四海，目中无人。

例 2 从小被宠爱、娇惯的子女，容易目中无人，以自我为中心。

例 3 这种性格的人要么过于看重自己的成绩和优点，稍有进步就自高自大，目中无人；要么低估自己的能力，遇到一点儿挫折，就心灰意冷，自暴自弃。

例 4 尽管台下观众爆满，演员却要“目中无人”，像独自关在房里，自说自话。

9 一毛不拔 yìmáo-bùbá

语　　义：形容非常吝啬。毛，汗毛，比喻非常细小的东西或非常微薄的力量。

语用提示：用于贬义。

例 1 大方的董事长偶尔会请公司员工一起吃吃饭，而小气的董事长往往一毛不拔。

例 2 只接受朋友的馈赠，自己却一毛不拔，这可能会使朋友感到你是个吝啬的人。

例 3 他们赚钱不容易，如果违背他们的用钱原则，他们往往会一毛不拔。

例 4 他虽然抠，但也不是一毛不拔。

例 5 用“一毛不拔”作为牙刷的广告语，很形象贴切。

10 自私自利 zìsī-zìlì

语　　义：只为自己打算，为自己谋利益，不顾别人和集体。自私，只顾自己的利益。利，利益、好处。

语用提示：指处理事情时，不考虑别人。用于贬义。

例 1 他一向自私自利，不顾亲情。

例 2 当然，不是所有人在离婚时，都表现得自私自利。

例 3 家长应让孩子学会分享，不要自私自利。

例 4 她是一个品格高尚、心地纯正的好姑娘，绝不是那种只顾自己、不顾别人的自私自利之辈。

例 5 他被好朋友称为“最不自私自利的人”，就是因为他一贯都考虑他人的利益。

11 每况愈下 měikuàng-yùxià（每下愈况）

原　　文

庄子曰：“夫子之问也，固不及质。正获之问于监市履狶（xī）也，每下愈况。……”

（节选自《庄子·外篇·知北游》）

参考译文

庄子说：“先生所问的问题，本来就没有涉及事物的本质。就像市场管理官员问如何检查猪的肥瘦时，得到的回答是越往下踩，越接近真实情况。……”

（马燕华　译）

语　　义：指情况越来越坏。况，甚、更加。愈，更加。

语用提示：指一种发展趋势。

例 1　人一上年纪，生理机能就逐渐衰退，健康情况每况愈下，生活上需要有人照顾。

例 2　经济衰退会影响各行各业，使人们的生活每况愈下。

例 3　失业与乞讨现象严重，会导致社会治安每况愈下。

例 4　国家放开粮食市场后，小麦价格每况愈下，一年不如一年。

例 5　这所大学自诩老大，但课程设置跟不上时代，所以这几年的排名每况愈下。

例 6　由于部分产品的销售表现在国内市场竞争中每况愈下，这家公司逐渐对产品质量重视了起来。

12 纸上谈兵 zhǐshàng-tánbīng

原　　文

赵括自少时学兵法，言兵事，以天下莫能当。尝与其父奢言兵事，奢不能难，然不谓善。括母问奢其故，奢曰："兵，死地也，而括易言之。使赵不将括即已，若必将之，破赵军者必括也。"……赵括既代廉颇，悉更约束，易置军吏。秦将白起闻之，纵奇兵，详败走，而绝其粮道，分断其军为二，士卒离心。四十余日，军饿，赵括出锐卒自博战，秦军射杀赵括。括军败，数十万之众遂降秦，秦悉坑之。

（节选自《史记·廉颇蔺相如列传》）

参考译文

赵括从小就学习兵法，喜欢谈论军事，认为天下没有人可以比得过自己。赵括曾经和父亲赵奢谈论军事，赵奢难不倒他，但是赵奢并没有称赞他。赵括的母亲问赵奢为什么，赵奢说："战争是要死人的，赵括却说得很轻松。如果赵国不任命赵括为将军也就罢了，如果要任命他为将军，毁灭赵国军队的一定是赵括。"……赵括代替廉颇为大将军后，改变了原来的一切纪律和号令，撤换了军官。秦国将军白起听到这个消息，派出奇兵，让他们假装战败逃跑，派另一支部队切断了赵国军队的运粮道路，将赵国军队切割为两部分，赵国士兵们很快就军心涣散了。被围困四十多天后，士兵非常饥饿，赵括只好率领精锐部队，亲自与秦军搏斗。秦国军队射死了赵括，于是赵括的军队被打败了，数十万士兵向秦国投降，秦军将他们都活埋了。

（马燕华　译）

语　　义：在文字上谈用兵策略。比喻脱离实际情况，空发议论。兵，用兵的策略，泛指军事策略。

语用提示：用于贬义。

例 1　过去，学校没有网络环境，“网络课程”只能是纸上谈兵。

例 2　没有先进的技术装备，要生产、开发优质先进的产品，只能是纸上谈兵。

例 3　把欢乐还给孩子，意味着把业余时间还给他们，否则一切都是纸上谈兵。

例 4　打造“中国名牌”早已不是纸上谈兵了。

例 5　今天我们就先来“纸上谈兵”，利用地图模拟一下儿战况。

练　　习

一 使用本课成语填空

1. 我篮球打得不好，现在比赛缺一个人，我只好________________了。
2. 奶奶老了，身体________________。
3. 这些运动鞋质量还不错，绝不是________________的东西。
4. 一些年轻人取得了一些成绩，容易变得________________。
5. 她的介绍虽然很详细，________________，但是没有重点。
6. 她是个________________的人，干什么事都想着怎么对自己有利，所以她没有朋友。

7. 以他现在的水平，要撰写中日韩成语对比研究有点儿________________。
8. 他平时舍不得花钱，朋友聚会从来都是________________。今天他说要请客，大家很吃惊。
9. 他学了三个月俄语，觉得语法很难，就________________，不学了。
10. 学生会需要踏踏实实干实事的人，不需要________________的人。
11. 有些人头脑中重男轻女的思想还________________。
12. 刚来中国学汉语时，我曾经要求自己每星期找中国朋友练两小时口语。后来因为学习紧张，这件事最终________________了。
13. 这个包看上去挺精致的，不像________________的呀。
14. 他业务能力很差，却来参加这个比赛，真是________________。
15. 他的英语水平这么差，还想去当国际会议同声翻译，真是____________。
16. 我虽然学了三年教育学，但还没有上讲台讲过课，现在说的一些教学方法还只是____________。

二 使用本课成语改写句子

1. 大多数留学生初学汉字时，都觉得很难，但是一定要坚持，不能学到一半就放弃。

改写为：____

2. 她得了政府奖学金以后，觉得自己很了不起，谁也不放在眼里。

改写为：____

3. 他曾经有一位很漂亮的女朋友，但是毕业以后，这件事就没有什么结果了。

改写为：____

4. 刚毕业的大学生，大多缺乏工作经验，分析问题只会空谈，讲不出实际的解决办法。

改写为：________________________________

5. 这家商店假货很多，而且质量很差，一看就知道是假冒伪劣商品。

改写为：________________________________

6. 这篇谈留学体会的文章，虽然从学习到生活，各个方面都谈了，但是没有重点，不能算是好文章。

改写为：________________________________

7. 这家公司不努力开发新产品，销售量大幅下滑，一年不如一年。

改写为：________________________________

第十五课 请 缨

本课学习的成语

1	请缨 ※	qǐngyīng	7	胸有成竹	xiōngyǒuchéngzhú
2	出人意料	chūrényìliào	8	以身作则	yǐshēn-zuòzé
3	得天独厚	détiāndúhòu	9	一干二净	yìgān-èrjìng
4	兢兢业业	jīngjīngyèyè	10	因地制宜	yīndì-zhìyí
5	同舟共济	tóngzhōu-gòngjì	11	自然而然	zìrán'érrán
6	想方设法	xiǎngfāng-shèfǎ	12	滥觞 ※	lànshāng

1 请缨 qǐngyīng

原　文

南越与汉和亲，乃遣军使南越，说其王，欲令入朝，比内诸侯。军自请："愿受长缨，必羁南越王而致之阙下。"军遂往说越王，越王听许，请举国内属。天子大悦。

（节选自《汉书·终军列传》）

参考译文

南越国与汉朝和亲，汉朝于是派终军出使南越国，希望能说服其国王归属汉王朝，如同其他诸侯国一样听从朝廷指令。终军自告奋勇说："请求皇上授予我一条长绳子，我一定要将南越国王捆绑着带到朝廷来。"于是，终军前往南越国说服其国王，南越国王听取了终军的劝说，请求全国归属汉王朝。天子十分高兴。

（马燕华　译）

语　　义：请求给予任务。缨，绳子、带子。

语用提示：指主动请求给予自己艰巨任务或去比较艰苦的地方工作，多与“主动”搭配。用于褒义。

例 1　企业家黄先生主动请缨出任上海中国纺织机械厂厂长，干出了显著业绩。

例 2　踌躇满志的张主任向院领导主动请缨，组建了研究室。

例 3　政府打算在这个地方修建水电站，他得知后主动请缨，参与建设。

例 4　许多演员听说要为灾区的人们演出，都主动请缨。

2 出人意料 chūrényìliào（出人意表）

语　　义：在人们意料之外，没想到。意料，事先对情况、结果等进行估计。

语用提示：超出人们的一般估计。

例 1　唐先生逛了北京的燕莎商城后，盛赞商城出人意料的豪华。

例 2　出人意料的质优价廉正是这家公司产品的一大诱人之处。

例 3　他到了所长办公室，出人意料地提出要辞职。

例 4　一些传统优势体育项目，中国选手却出人意料地输给了外国选手。

例 5　出人意料的是，出来迎接我们的是一对打着赤脚的夫妇。

3 得天独厚 détiāndúhòu

语　　义：独具特殊、优越的先天条件，也指所处的环境特别好。天，天然。厚，优厚。

语用条件：用于褒义。

例 1　他的四肢与身高的比例非常好，具有从事田径运动得天独厚的身体条件。

例 2　哈尔滨发展冰雪旅游有着得天独厚的条件。

例 3　海南自然资源丰富，光热条件优越，种植热带瓜果蔬菜有得天独厚的优势。

例 4　云南具有得天独厚的地缘优势，应该走在面向南亚国家开放的前列。

例 5　小香玉是著名豫剧表演艺术家常香玉的孙女，得天独厚的条件使她得以更完整地继承奶奶的风格，并将之发扬光大。

4 兢兢业业 jīngjīngyèyè

语　　义：形容小心谨慎，认真负责。兢兢，小心谨慎的样子。业业，恐惧担心的样子。

语用提示：用于褒义。

例 1　兢兢业业干好本职工作是教师的天职。

例 2　对待工作，要像春蚕吐丝，兢兢业业。

例 3　有的人在艰难困苦的日子里，也能兢兢业业，力求上进。

例 4　他非常疼爱自己的儿女们，时刻关心着他们的成长进步。同时，要求他们兢兢业业地工作在自己的岗位上，希望他们个个身体健康，家庭和睦。

例 5　干事业就要全身心投入，兢兢业业，爱岗敬业。

5 同舟共济 tóngzhōu-gòngjì

语　　义：同乘一条船过河。比喻同心协力，共同战胜困难。舟，小船。济，过河。

语用提示：在困难的环境下，有共同的奋斗目标。用于褒义。

例 1　在经济全球化进程中，发达国家与发展中国家应同舟共济，抓住机遇，以实现互利共赢。

例 2　亏损企业更需要领导干部与职工群众同甘共苦，同舟共济。

例 3　只要双方本着真诚合作、同舟共济的精神，就一定能够克服经济危机带来的困难。

例 4　他们号召群众发扬同舟共济的精神，互相帮助。

例 5　灾难发生后，全国人民同舟共济，最后渡过了难关。

6 想方设法 xiǎngfāng-shèfǎ

语　　义：想尽办法。方，方法。设法，想办法。

语用提示：一般放在动词前面做状语。

例 1 为了苹果早熟高产，果农想方设法使苹果树长得矮些，栽得密些。

例 2 我们一定要想方设法完成任务。

例 3 病人千恩万谢，悄悄留下 1000 元钱。刘大夫发现后，想方设法还给了病人。

例 4 很多大学生毕业后会想方设法留在大城市或出国留学。

例 5 有的企业想方设法偷税漏税，最后这些企业都受到了法律的制裁。

7 胸有成竹 xiōngyǒuchéngzhú（成竹在胸）

语　　义：比喻做事之前已经有通盘的考虑。

语用提示：形容做事有把握。用于褒义。

例 1 只有始终如一地刻苦学习，扎扎实实地掌握基础知识，面对考试才能胸有成竹。

例 2 他胸有成竹地安排着训练计划。他是尊重科学的，有大量研究数据作为依据。

例 3 经理胸有成竹地说：“提前一个月完工没问题。”

例 4 想要按时完成拍摄，重要的是前期准备工作一定要细，导演要胸有成竹，在电影拍摄过程中科学安排时间。

例 5 他之所以对此事如此胸有成竹，是因为他做过详细的调查。

8 以身作则 yǐshēn-zuòzé

语　　义：用自己的行动做榜样。身，自己的行动。则，规范、榜样。

语用提示：用于褒义。

例 1 这位老板以身作则，不怕艰苦，成为每个员工的榜样。

例 2 领导干部以身作则，身教重于言教。

例 3 广大教师和教育工作者要发扬敬业奉献精神，以身作则，为人师表。

例 4　我们每一个当父亲或当母亲的，都应当以身作则。

例 5　有的领导不以身作则，自然管不住别人。

9 一干二净 yìgān-èrjìng

语　　义：形容干净彻底，一点儿也不剩。也形容非常整洁，一尘不染。

语用提示：常做情态补语。

例 1　几分钟后，他便把这件事忘得一干二净了。

例 2　他家发生了火灾，家里被烧得一干二净，屋里空荡荡的，连把像样的椅子也没有了。

例 3　他把院子里堆积多年的垃圾清除掉，连花圃中的杂草都拔得一干二净，院子的面貌焕然一新。

例 4　我和同伴在餐馆吃饭时，每次都把菜吃得一干二净，连汤都不剩。

10 因地制宜 yīndì-zhìyí

语　　义：根据不同地区的具体情况制定适宜的办法。因，根据。宜，适宜。

语用提示：极少用否定形式。

例 1　农业应实行多种经营，因地制宜，该种粮食的地方种粮食，该种经济作物的地方种经济作物。

例 2　我国坚持因地制宜，积极发展水电站建设，推广利用地热能、太阳能及风能，效果显著。

例 3　根据山多、河流多的特点，因地制宜，大力开发高山旅游业，是尼泊尔发展旅游业的重要特点。

例 4　我们这种小厂，虽然活动经费少、地方小、条件差，但是我们因地制宜开展了广播操、乒乓球、拔河、跳绳、跑步、举重等体育活动。

例 5　锻炼方式不仅要因人而异，也要因地制宜。

11 自然而然 zìrán'érrán

语　　义：自然发展，不经过外力作用而成为这样。然，这样。

语用提示：事物自然形成，不做作。

例 1　一年一度的春节即将来临，自然而然让人联想起压岁钱。

例 2　经常背诵古代诗文，自然而然就会学会其中一些词语的用法。

例 3　父母不要过于担心孩子的口吃问题，有些孩子长大后，这种毛病会自然而然消除。

例 4　当学生们需要解决新问题时，他们会自然而然地从以往的经验中去找寻应对方法。

例 5　一段幸福的婚姻不是领取结婚证后就自然而然形成了，而是要通过夫妻双方用心、用情、用智慧去培养。

12 滥觞 lànshāng

原　　文

子曰："……夫江始出于岷山，其源可以滥觞；及其至于江津，不舫舟，不避风，则不可以涉。"

（节选自《孔子家语·三恕》）

参考译文

孔子说："……长江刚从岷山流出来的时候，它的源头只可以浮起酒杯；等流到江津时，不乘船、不避风，就不能渡过长江了。"

（马燕华　译）

语　　义：江河发源的地方。比喻事物的起源或开始。滥，水多、浮。觞，古代酒杯。

语用提示：用于褒义。

例 1　一般认为，古希腊和古罗马是古代西方文明的滥觞。

例 2　艺术博物馆是培养艺术人才的滥觞，是陶冶国民审美情操的重要场所。

例 3　古丝绸之路可以视为中西方文明交流的滥觞。

例 4　这起事件成了环保运动的滥觞。

例 5　有人认为，诗歌和科学有相同的起源，两者都滥觞于神话。

练　　习

一 使用本课成语填空

1. 黄河流域是中华文明的________________。
2. 大学毕业后，他主动________________去西藏工作。
3. 爸爸总说妈妈做什么都好吃，吃饭时总是把饭菜吃得________________。
4. 孩子们________________，把餐桌当成乒乓球桌，练习打乒乓球。
5. 王老师________________工作了 30 年，今年光荣退休了。
6. 他居然没有通过 HSK 六级，真有点儿________________。
7. 他们俩从中学到大学都是同学，在一起相处的时间长了，________________产生了爱情。
8. 他做什么事都是________________、从从容容的样子。
9. 她________________买到了这本 20 年前出版的书。
10. 这两家公司________________，共同渡过了金融危机。
11. 泰语有声调，所以泰国人学习汉语语音有________________的优势。
12. 大雨把院子冲洗得________________。
13. 《诗经》是中国古典诗歌的________________。
14. 父母________________几十年，才把爷爷开创的产业做得这么大。

二 使用本课成语改写句子

1. 我们公司的经理用自己的行动做榜样，从来不迟到。

　改写为：____

2. 孩子不用经过专门训练就能学会母语。

改写为：＿＿＿＿＿＿＿＿＿＿＿＿＿＿＿＿＿＿＿＿＿＿＿＿＿＿＿＿

3. 西安曾经是中国十三个朝代的都城，发展旅游业有优越的条件。

改写为：＿＿＿＿＿＿＿＿＿＿＿＿＿＿＿＿＿＿＿＿＿＿＿＿＿＿＿＿

4. 有人认为，中国古代的占卜术是汉字发展史的源头。

改写为：＿＿＿＿＿＿＿＿＿＿＿＿＿＿＿＿＿＿＿＿＿＿＿＿＿＿＿＿

5. 他们根据这套房子的具体情况，用四个大书柜把客厅隔成了两个卧室。

改写为：＿＿＿＿＿＿＿＿＿＿＿＿＿＿＿＿＿＿＿＿＿＿＿＿＿＿＿＿

6. 他们才认识一个星期，没想到就宣布要结婚了。

改写为：＿＿＿＿＿＿＿＿＿＿＿＿＿＿＿＿＿＿＿＿＿＿＿＿＿＿＿＿

7. 不能齐心协力、共同经历困难的人，不是真正的朋友。

改写为：＿＿＿＿＿＿＿＿＿＿＿＿＿＿＿＿＿＿＿＿＿＿＿＿＿＿＿＿

8. 他在香港生活了十年，他说话很自然地带有香港口音。

改写为：＿＿＿＿＿＿＿＿＿＿＿＿＿＿＿＿＿＿＿＿＿＿＿＿＿＿＿＿

总测试卷

一 判断下列成语的拼音是否正确（10 分）

1.（　　）揠苗助长 yàmiáo-zhùcháng

2.（　　）不相上下 bùxiāng-shàngxià

3.（　　）大有可为 dàyǒu-kěwèi

4.（　　）乘人之危 chéngrénzhīwēi

5.（　　）方兴未艾 fāngxìng-wèi'ài

6.（　　）迫在眉睫 pòzàiméijié

7.（　　）应接不暇 yīngjiē-bùxiá

8.（　　）得不偿失 děibùchángshī

9.（　　）天伦之乐 tiānlùnzhīlè

10.（　　）前仆后继 qiánfù-hòujì

二 写出下列成语的拼音（10 分）

1. 不了了之 ______________

2. 朝三暮四 ______________

3. 供不应求 ______________

4. 有的放矢 ______________

5. 水涨船高 ______________

6. 名副其实 ______________

7. 杞人忧天 ______________

8. 越俎代庖 ______________

9. 如火如荼 ______________

10. 子虚乌有 ______________

三 解释下列成语中加点儿字的意思（15 分）

1. 不足为奇（　　　　　　　　）　2. 层出不穷（　　　　　　　　）

3. 争先恐后（　　　　）
4. 众所周知（　　　　）
5. 川流不息（　　　　）
6. 对症下药（　　　　）
7. 各行其是（　　　　）
8. 刻不容缓（　　　　）
9. 滥竽充数（　　　　）
10. 举足轻重（　　　　）
11. 有的放矢（　　　　）
12. 名副其实（　　　　）
13. 亡羊补牢（　　　　）
14. 一如既往（　　　　）
15. 纸上谈兵（　　　　）
16. 天伦之乐（　　　　）
17. 循序渐进（　　　　）
18. 专心致志（　　　　）
19. 聚精会神（　　　　）
20. 想方设法（　　　　）
21. 自食其力（　　　　）
22. 不以为然（　　　　）
23. 当务之急（　　　　）
24. 如痴如醉（　　　　）
25. 莫名其妙（　　　　）
26. 举世闻名（　　　　）
27. 不耻下问（　　　　）
28. 力所能及（　　　　）
29. 半途而废（　　　　）
30. 一概而论（　　　　）

四 画出用于表达褒义的成语（5分）

1. 百花齐放
2. 不耻下问
3. 层出不穷
4. 废寝忘食
5. 顾全大局
6. 破釜沉舟
7. 完璧归赵
8. 愚公移山
9. 三令五申
10. 请缨

五 画出用于表达贬义的成语（5分）

1. 自然而然
2. 子虚乌有
3. 越俎代庖
4. 应接不暇
5. 一技之长
6. 一干二净
7. 夜郎自大
8. 四面楚歌
9. 量力而行
10. 每况愈下

六 选择合适的成语填空（15分）（每个成语只能选择一次）

A 不以为然	B 杯水车薪	C 得天独厚	D 举世闻名	E 措手不及	F 后顾之忧
G 水涨船高	H 画龙点睛	I 揠苗助长	J 朝三暮四	K 因地制宜	L 力所能及
M 愚公移山	N 力不从心	O 滥竽充数	P 根深蒂固	Q 当务之急	R 纸上谈兵

1. 我捐的100元人民币对于救灾来说，只不过是________。
2. 文章的结尾很精彩，是全文的________之处。
3. 他今天想学英语，明天想学德语，真是________。
4. 有的大公司有自己的幼儿园和职工食堂，解决了职工的________。
5. 有些家长逼着孩子3岁学钢琴，5岁学英语，真是________。
6. 这所学校面积不大，他们开动脑筋，________，开展了乒乓球、排球、跳绳等丰富多彩的体育活动。
7. 学生会需要干实事的人，不需要________的人。
8. 今天上课老师突然要听写昨天学过的生词，大家有点儿________。
9. 现在会汉语的外国人越来越多，许多公司招聘外国人时对汉语水平的要求也________。
10. 他们发扬________的精神，全村人植树种草，苦干两年，终于在沙漠中造出了一片绿洲。
11. 她一直跟随父母在北京生活，学习汉语有________的条件。
12. 篮球队的核心球员突然受伤了，我只好临时上场，________。
13. 让孩子从小做一些________的家务很有必要。
14. 他认为感冒是小病，对医生的劝告________。
15. 临近毕业，我要做的事情很多，写毕业论文、找工作、租房子、搬家……但是________是写毕业论文。

七 选择合适的成语改写句子（15 分）

得心应手	方兴未艾	各行其是	举足轻重	按部就班
画蛇添足	家喻户晓	扶摇直上	脱颖而出	刻不容缓
不了了之	一干二净	毛遂自荐	雪上加霜	滥觞

1. 这位剪纸艺人，想剪什么就能剪出什么。

改写为：________________________________

2. 最近房价像乘着风一样，上涨得很快。

改写为：________________________________

3. 她在中国是人人都知道的电影演员。

改写为：________________________________

4. 在一次电视大赛中，他的歌唱才能全部显现出来了。

改写为：________________________________

5. 由于缺少统一规划，公司各个部门的负责人都按照自己的想法工作，现在公司全乱了。

改写为：________________________________

6. 发生车祸后，救治伤员片刻时间也不能拖延。

改写为：________________

7.“留学生”本来就是指外国人，在“留学生”前面加“外国”，完全没有必要。

改写为：________________

8. 运用基因技术治疗疾病是一项正在发展中的新方法。

改写为：________________

9. 爷爷在海外的遗产继承问题并没有彻底解决，十年来也没人过问这事，我觉得这件事可能不会有什么结果了。

改写为：________________

10. 对不起，我把今天晚上去听音乐会的事完全忘记了。

改写为：________________

11. 她自己推荐自己参加世界大学生汉语辩论大赛。

改写为：________________

12. 研究表明，音乐和舞蹈起源于劳动。

改写为：____

13. 苹果公司在全球手机制造行业的地位十分重要，它的任何一项成果都可能对全球手机制造业产生重要影响。

改写为：____

14. 她这学期一直在生病，缺了很多课，也没申请到奖学金，真是太倒霉了！

改写为：____

15. 这里将来要建一个城市休闲公园。目前拆迁房屋、平整土地、园林设计等工作，正在按照规划一步一步地进行。

改写为：____

八 分析下列句子中画线成语的语境义（10分）

1. 他能断断续续（　　　　）地看懂莫言的小说《红高粱》了。
2. 对于外国人学习汉语的特点，不能一概而论（　　　　）。
3. 在国外，中小学汉语教师供不应求（　　　　）。
4. 学校招生不能守株待兔（　　　　），要走出校门积极主动宣传。
5. 张云是商界可以呼风唤雨（　　　　）的人物。
6. “幸福是什么？”这是一个见仁见智（　　　　）的问题。
7. 他从来不看那些乱七八糟（　　　　）的小说。

8. 在昆明市的茶叶市场里，各种牌子的普洱茶令他眼花缭乱（　　　　）。

9. 虽然她是新司机，警察也没有对她闯红灯的行为网开一面（　　　　）。

10. 这份工作收入不错，他很感兴趣，但是要求有两年工作经验，他只能望洋兴叹（　　　　）了。

九 用下列成语造句（15 分）

不相上下	不由分说	川流不息	大有可为	胸有成竹
呆若木鸡	东奔西走	开门见山	弄虚作假	潜移默化

总测试卷参考答案

一 判断下列成语的拼音是否正确

1. × 2. ✓ 3. × 4. ✓ 5. × 6. ✓ 7. × 8. × 9. × 10. ×

二 写出下列成语的拼音

1. bùliǎo-liǎozhī
2. zhāosān-mùsì
3. gōngbúyìngqiú
4. yǒudì-fàngshǐ
5. shuǐzhǎng-chuángāo
6. míngfùqíshí
7. qǐrén-yōutiān
8. yuèzǔ-dàipáo
9. rúhuǒ-rútú
10. zǐxū-wūyǒu

三 解释下列成语中加点儿字的意思

1. 值得	2. 尽、止	3. 担心	4. 全、都	5. 停止
6. 用	7. 对的、正确的	8. 片刻	9. 失实的	10. 抬起
11. 箭靶	12. 符合	13. 丢失	14. 整个、全	15. 用兵策略
16. 顺序	17. 遵循、按照	18. 尽	19. 合在一起	20. 方法
21. 吃	22. 这样	23. 从事、做	24. 傻	25. 没有谁
26. 全	27. 认为羞耻	28. 达到	29. 停止	30. 标准

四 画出用于表达褒义的成语

1 2 4 5 7 8 10

五 画出用于表达贬义的成语

2 3 7

六 选择合适的成语填空

1. B	2. H	3. J	4. F	5. I
6. K	7. R	8. E	9. G	10. M
11. C	12. O	13. L	14. A	15. Q

（其他题略）

附录　成语音序总表

序号	成语	拼音	课次
1	安居乐业	ānjū-lèyè	13
2	按部就班	ànbù-jiùbān	5
3	百花齐放	bǎihuā-qífàng	4
4	半途而废	bàntú'érfèi	14
5	杯水车薪 ※	bēishuǐ-chēxīn	4
6	闭关自守	bìguān-zìshǒu	6
7	不自量力	búzìliànglì	14
8	不卑不亢	bùbēi-búkàng	9
9	不耻下问	bùchǐ-xiàwèn	1
10	不了了之	bùliǎo-liǎozhī	14
11	不相上下	bùxiāng-shàngxià	10
12	不以为然	bùyǐwéirán	3
13	不由分说	bùyóufēnshuō	8
14	不足为奇	bùzúwéiqí	8
15	层出不穷	céngchū-bùqióng	4
16	乘人之危	chéngrénzhīwēi	2
17	出人意料	chūrényìliào	15
18	川流不息	chuānliú-bùxī	4
19	垂头丧气	chuítóu-sàngqì	3
20	从容不迫	cóngróng-búpò	9
21	粗心大意	cūxīn-dàyì	2
22	粗制滥造	cūzhì-lànzào	14
23	措手不及	cuòshǒu-bùjí	2
24	大同小异	dàtóng-xiǎoyì	4
25	大有可为	dàyǒu-kěwéi	9
26	呆若木鸡 ※	dāiruòmùjī	2
27	当务之急	dāngwùzhījí	12
28	得不偿失	débùchángshī	8
29	得天独厚	détiāndúhòu	15
30	得心应手 ※	déxīn-yìngshǒu	7
31	东奔西走	dōngbēn-xīzǒu	3
32	东张西望	dōngzhāng-xīwàng	2

（续表）

序号	成语	拼音	课次
33	断断续续	duànduànxùxù	6
34	对症下药	duìzhèng-xiàyào	8
35	耳熟能详	ěrshú-néngxiáng	7
36	发扬光大	fāyáng-guāngdà	7
37	方兴未艾	fāngxīng-wèi'ài	13
38	废寝忘食	fèiqǐn-wàngshí	9
39	丰衣足食	fēngyī-zúshí	13
40	风餐露宿	fēngcān-lùsù	5
41	扶摇直上 ※	fúyáo-zhíshàng	9
42	改邪归正	gǎixié-guīzhèng	3
43	格格不入	gégé-búrù	11
44	各行其是	gèxíng-qíshì	11
45	根深蒂固	gēnshēn-dìgù	14
46	供不应求	gōngbúyìngqiú	6
47	顾全大局	gùquán-dàjú	13
48	归根结底	guīgēn-jiédǐ	11
49	后顾之忧	hòugùzhīyōu	6
50	呼风唤雨	hūfēng-huànyǔ	11

序号	成语	拼音	课次
51	画龙点睛	huàlóng-diǎnjīng	8
52	画蛇添足 ※	huàshé-tiānzú	9
53	鸡毛蒜皮	jīmáo-suànpí	11
54	家喻户晓	jiāyù-hùxiǎo	12
55	见仁见智	jiànrén-jiànzhì	10
56	接二连三	jiē'èr-liánsān	6
57	津津有味	jīnjīn-yǒuwèi	1
58	惊弓之鸟 ※	jīnggōngzhīniǎo	3
59	兢兢业业	jīngjīngyèyè	15
60	敬而远之	jìng'éryuǎnzhī	2
61	举世闻名	jǔshì-wénmíng	12
62	举世瞩目	jǔshì-zhǔmù	12
63	举一反三	jǔyī-fǎnsān	13
64	举足轻重	jǔzú-qīngzhòng	10
65	聚精会神	jùjīng-huìshén	1
66	开门见山	kāimén-jiànshān	4
67	刻不容缓	kèbùrónghuǎn	7
68	滥觞 ※	lànshāng	15

（续表）

序号	成语	拼音	课次
69	滥竽充数 ※	lànyú-chōngshù	14
70	理所当然	lǐsuǒdāngrán	11
71	理直气壮	lǐzhí-qìzhuàng	1
72	力不从心	lìbùcóngxīn	2
73	力所能及	lìsuǒnéngjí	10
74	量力而行	liànglì'érxíng	10
75	屡见不鲜	lǚjiàn-bùxiān	11
76	乱七八糟	luànqībāzāo	11
77	毛遂自荐 ※	máosuì-zìjiàn	7
78	眉开眼笑	méikāi-yǎnxiào	1
79	每况愈下 ※	měikuàng-yùxià	14
80	门当户对	méndāng-hùduì	9
81	门可罗雀 ※	ménkěluóquè	11
82	面面俱到	miànmiàn-jùdào	14
83	名副其实	míngfùqíshí	7
84	莫名其妙	mòmíngqímiào	8
85	目中无人	mùzhōng-wúrén	14
86	弄虚作假	nòngxū-zuòjiǎ	3

序号	成语	拼音	课次
87	平易近人	píngyì-jìnrén	10
88	迫在眉睫	pòzàiméijié	7
89	破釜沉舟 ※	pòfǔ-chénzhōu	8
90	七嘴八舌	qīzuǐ-bāshé	6
91	岂有此理	qǐyǒucǐlǐ	8
92	杞人忧天 ※	qǐrén-yōutiān	3
93	恰到好处	qiàdào-hǎochù	5
94	恰如其分	qiàrú-qífèn	8
95	千方百计	qiānfāng-bǎijì	5
96	前仆后继	qiánpū-hòujì	13
97	前所未有	qiánsuǒwèiyǒu	4
98	潜移默化	qiányí-mòhuà	10
99	请缨 ※	qǐngyīng	15
100	全力以赴	quánlìyǐfù	13
101	全心全意	quánxīn-quányì	1
102	日新月异	rìxīn-yuèyì	4
103	如痴如醉	rúchī-rúzuì	1
104	如火如荼 ※	rúhuǒ-rútú	5

（续表）

序号	成语	拼音	课次
105	三番五次	sānfān-wǔcì	6
106	三令五申 ※	sānlìng-wǔshēn	4
107	实事求是	shíshì-qiúshì	10
108	守株待兔 ※	shǒuzhū-dàitù	10
109	水涨船高	shuǐzhǎng-chuángāo	5
110	思前想后	sīqián-xiǎnghòu	2
111	四面八方	sìmiàn-bāfāng	5
112	四面楚歌 ※	sìmiàn-chǔgē	6
113	似是而非	sìshì-érfēi	6
114	随心所欲	suíxīnsuǒyù	3
115	损人利己	sǔnrén-lìjǐ	2
116	叹为观止 ※	tànwéiguānzhǐ	7
117	探头探脑	tàntóu-tànnǎo	3
118	滔滔不绝	tāotāo-bùjué	1
119	桃李满天下	táolǐ mǎn tiānxià	1
120	讨价还价	tǎojià-huánjià	2
121	提心吊胆	tíxīn-diàodǎn	3
122	天伦之乐	tiānlúnzhīlè	5

序号	成语	拼音	课次
123	同舟共济	tóngzhōu-gòngjì	15
124	脱颖而出 ※	tuōyǐng'érchū	1
125	完璧归赵 ※	wánbì-guīzhào	13
126	亡羊补牢 ※	wángyáng-bǔláo	5
127	网开一面	wǎngkāiyímiàn	8
128	望洋兴叹 ※	wàngyáng-xīngtàn	11
129	微不足道	wēibùzúdào	7
130	问津 ※	wènjīn	7
131	卧薪尝胆 ※	wòxīn-chángdǎn	1
132	无可奈何	wúkěnàihé	8
133	无所作为	wúsuǒzuòwéi	11
134	无微不至	wúwēi-búzhì	12
135	熙熙攘攘	xīxī-rǎngrǎng	5
136	喜出望外	xǐchūwàngwài	7
137	相敬如宾 ※	xiāngjìng-rúbīn	12
138	相濡以沫 ※	xiāngrú-yǐmò	12
139	想方设法	xiǎngfāng-shèfǎ	15
140	小心翼翼	xiǎoxīn-yìyì	3

（续表）

序号	成语	拼音	课次	序号	成语	拼音	课次
141	欣欣向荣	xīnxīn-xiàngróng	13	159	迎刃而解	yíngrèn’érjiě	4
142	幸灾乐祸	xìngzāi-lèhuò	2	160	应接不暇	yìngjiē-bùxiá	6
143	胸有成竹	xiōngyǒuchéngzhú	15	161	有的放矢	yǒudì-fàngshǐ	5
144	雪上加霜	xuěshàng-jiāshuāng	6	162	有声有色	yǒushēng-yǒusè	4
145	循序渐进	xúnxù-jiànjìn	13	163	愚公移山 ※	yúgōng-yíshān	13
146	揠苗助长 ※	yàmiáo-zhùzhǎng	11	164	约定俗成	yuēdìng-súchéng	12
147	眼花缭乱	yǎnhuā-liáoluàn	11	165	越俎代庖 ※	yuèzǔ-dàipáo	9
148	夜郎自大 ※	yèláng-zìdà	10	166	朝气蓬勃	zhāoqì-péngbó	9
149	一概而论	yígài’érlùn	12	167	朝三暮四 ※	zhāosān-mùsì	10
150	一技之长	yíjìzhīcháng	1	168	争先恐后	zhēngxiān-kǒnghòu	4
151	以身作则	yǐshēn-zuòzé	15	169	纸上谈兵 ※	zhǐshàng-tánbīng	14
152	一帆风顺	yìfān-fēngshùn	9	170	众所周知	zhòngsuǒzhōuzhī	12
153	一干二净	yìgān-èrjìng	15	171	专心致志	zhuānxīn-zhìzhì	9
154	一毛不拔	yìmáo-bùbá	14	172	捉襟见肘 ※	zhuōjīn-jiànzhǒu	12
155	一如既往	yìrú-jìwǎng	7	173	子虚乌有 ※	zǐxū-wūyǒu	6
156	亦步亦趋 ※	yìbù-yìqū	2	174	自力更生	zìlì-gēngshēng	13
157	因地制宜	yīndì-zhìyí	15	175	自强不息	zìqiáng-bùxī	9
158	引人注目	yǐnrén-zhùmù	5	176	自然而然	zìrán’érrán	15

（续表）

序号	成语	拼音	课次	序号	成语	拼音	课次
177	自食其力	zìshí-qílì	10	179	自私自利	zìsī-zìlì	14
178	自始至终	zìshǐ-zhìzhōng	12	180	自言自语	zìyán-zìyǔ	3